書ト゛ろし

3時間でできる
やり直し中学英語

小池直己／佐藤誠司

祥伝社黄金文庫

本書は祥伝社黄金文庫のために書下ろされました。

はしがき

　この本は、中学レベルの基本的な英文法をおさらいして、日常会話に必要な英語力をつけることを目的としています。「日常会話は中学英語の知識があれば十分だ」とよく言われますが、それは事実です。さらに言えば、中学で学習する知識の全部が必要なわけではありません。この本では、日常会話に本当に必要な知識だけに絞って、基本的な英語の文の形を学習していきます。

　この本の基本的な説明の流れは、次のとおりです。

　①1ページごとに、短い基本例文を最初に示します。

　②基本例文に対して数行程度の説明をします。ここで「文法のしくみ」を理解してください。

　③基本例文と同じ形、または基本例文を少し応用した形の英文を4つ示します。ここで単語の知識も増やしていきます。

　④いくつかの項目の学習が終わったところで、理解できているかどうかを確認するためのドリル練習を行います。

　この本の例文のほとんどは、数語程度の短いものです。できるだけ音読して頭に入れてください。日本語を見ただけで英語がすらすらと口に出るようになれば、学習は完了です。解説を読んで問題を解きながら、日常的な英語の表現力を身につけていきましょう。

目次

はしがき　　3
基本的な文法用語　　14

第1章 be動詞の基本

STEP 1	is－肯定文	21
STEP 2	is－否定文	22
STEP 3	is－疑問文 (1)	23
	ドリル問題 ①	24
STEP 4	is－疑問文 (2)	25
STEP 5	is－形容詞	26
STEP 6	is－形容詞＋名詞	27
	ドリル問題 ②	28
STEP 7	am－肯定文・否定文	29
STEP 8	are－肯定文・否定文 (1)	30
STEP 9	are－疑問文 (1)	31
STEP 10	are－肯定文・否定文 (2)	32
STEP 11	are－疑問文 (2)	33
	ドリル問題 ③	34
STEP 12	are－肯定文・否定文 (3)	35
STEP 13	are－疑問文 (3)	36
STEP 14	天気などを表す文の it	37
	ドリル問題 ④	38

第2章 一般動詞の基本

STEP 15	一般動詞－肯定文 (1)	41

STEP 16	一般動詞−否定文 (1)	42
STEP 17	一般動詞−疑問文 (1)	43
	ドリル問題 ⑤	44
STEP 18	一般動詞−肯定文 (2)	45
STEP 19	一般動詞−否定文 (2)	46
STEP 20	一般動詞−疑問文 (2)	47
	ドリル問題 ⑥	48

第3章 過去を表す形

STEP 21	be 動詞(was)−肯定文・否定文	51
STEP 22	be 動詞(was)−疑問文	52
STEP 23	be 動詞(were)−肯定文・否定文	53
STEP 24	be 動詞(were)−疑問文	54
	ドリル問題 ⑦	55
STEP 25	一般動詞(過去形)−肯定文	56
STEP 26	一般動詞(過去形)−否定文	57
STEP 27	一般動詞(過去形)−疑問文	58
	ドリル問題 ⑧	59
	語句リスト−主な不規則動詞	60

第4章 前置詞

STEP 28	一般動詞+前置詞 (1)	65
STEP 29	一般動詞+前置詞 (2)	66
	ドリル問題 ⑨	67
STEP 30	be 動詞+場所	68
STEP 31	There+be 動詞−肯定文	69
STEP 32	There+be 動詞−否定文	70

STEP 33	There＋be 動詞－疑問文	71
	ドリル問題 ⑩	72
STEP 34	時を表す前置詞	73
	語句リスト－月・曜日・季節	74
STEP 35	位置関係を表す前置詞	75
STEP 36	その他の前置詞	76
	ドリル問題 ⑪	77

第5章 進行形と未来を表す形

STEP 37	現在進行形－肯定文	81
STEP 38	現在進行形－否定文・疑問文	82
STEP 39	過去進行形	83
	ドリル問題 ⑫	84
STEP 40	will－肯定文 (1)	85
STEP 41	will－肯定文 (2)	86
STEP 42	will－否定文	87
STEP 43	will－疑問文	88
	ドリル問題 ⑬	89
STEP 44	be going to－肯定文 (1)	90
STEP 45	be going to－肯定文 (2)	91
STEP 46	be going to－否定文・疑問文	92
STEP 47	未来を表す現在進行形	93
STEP 48	未来を表す現在形	94
	ドリル問題 ⑭	95

第6章 疑問詞

STEP 49	what(1)	99

STEP 50	what(2)	100
STEP 51	what(3)	101
	ドリル問題 ⑮	102
	語句リスト—数字の表し方	103
STEP 52	who(1)	104
STEP 53	who(2)	105
STEP 54	who(3)	106
STEP 55	whose	107
	ドリル問題 ⑯	108
STEP 56	which(1)	109
STEP 57	which(2)	110
STEP 58	which(3)	111
	ドリル問題 ⑰	112
STEP 59	where(1)	113
STEP 60	where(2)	114
STEP 61	when(1)	115
STEP 62	when(2)	116
STEP 63	why	117
	ドリル問題 ⑱	118
STEP 64	how(1)	119
STEP 65	how(2)	120
STEP 66	how(3)	121
STEP 67	how(4)	122
STEP 68	how(5)	123
STEP 69	how(6)	124
	ドリル問題 ⑲	125

第7章 助動詞

STEP 70	can－肯定文	129
STEP 71	can－否定文 (1)	130
STEP 72	can－疑問文 (1)	131
STEP 73	can－疑問文 (2)	132
STEP 74	may(1)	133
	ドリル問題 ⑳	134
STEP 75	may(2)	135
STEP 76	must	136
STEP 77	can－否定文 (2)	137
	ドリル問題 ㉑	138
STEP 78	have to－肯定文 (1)	139
STEP 79	have to－肯定文 (2)	140
STEP 80	have to－肯定文 (3)	141
STEP 81	have to－否定文	142
STEP 82	have to－疑問文	143
	ドリル問題 ㉒	144
STEP 83	be able to	145
STEP 84	shall(1)	146
STEP 85	shall(2)	147
STEP 86	should	148
	ドリル問題 ㉓	149
STEP 87	依頼の表現 (1)	150
STEP 88	依頼の表現 (2)	151
STEP 89	依頼の表現 (3)	152
	ドリル問題 ㉔	153

第8章 さまざまな文

STEP 90	命令文 (1)	157
STEP 91	命令文 (2)	158
STEP 92	命令文 (3)	159
STEP 93	名詞＋, please.	160
	ドリル問題 ㉕	161
STEP 94	would like－肯定文	162
STEP 95	would like－疑問文	163
STEP 96	Let's ～	164
STEP 97	Let me ～	165
STEP 98	否定疑問文	166
STEP 99	付加疑問	167
STEP 100	感嘆文	168
	ドリル問題 ㉖	169

第9章 動詞などの後ろに置く要素

STEP 101	動詞＋形容詞 (1)	173
STEP 102	動詞＋形容詞 (2)	174
STEP 103	動詞＋形容詞 (3)	175
STEP 104	動詞＋形容詞 (4)	176
STEP 105	動詞＋形容詞 (5)	177
	ドリル問題 ㉗	178
STEP 106	動詞＋that ～ (1)	179
STEP 107	動詞＋that ～ (2)	180
STEP 108	動詞＋人＋that ～	181
STEP 109	形容詞＋that ～ (1)	182

STEP 110	形容詞+that 〜 (2)	183
	ドリル問題 ㉘	184
STEP 111	動詞+人+物 (1)	185
STEP 112	動詞+人+物 (2)	186
STEP 113	動詞+A+B(1)	187
STEP 114	動詞+A+B(2)	188
STEP 115	動詞+A+B(3)	189
	ドリル問題 ㉙	190

第10章 受動態と現在完了形

STEP 116	受動態－現在形 (1)	193
STEP 117	受動態－現在形 (2)	194
STEP 118	受動態－過去形	195
STEP 119	受動態－助動詞つき	196
	ドリル問題 ㉚	197
STEP 120	現在完了形－完了・結果 (1)	198
STEP 121	現在完了形－完了・結果 (2)	199
STEP 122	現在完了形－完了・結果 (3)	200
	ドリル問題 ㉛	201
STEP 123	現在完了形－経験 (1)	202
STEP 124	現在完了形－経験 (2)	203
STEP 125	現在完了形－経験 (3)	204
STEP 126	現在完了形－継続 (1)	205
STEP 127	現在完了形－継続 (2)	206
STEP 128	現在完了形－継続 (3)	207
	ドリル問題 ㉜	208

第11章 不定詞・分詞・動名詞

STEP 129	動詞＋不定詞 (1)	211
STEP 130	動詞＋不定詞 (2)	212
STEP 131	動詞＋不定詞 (3)	213
STEP 132	形式主語の it	214
	ドリル問題 ㉝	215
STEP 133	名詞・代名詞＋不定詞	216
STEP 134	〈目的〉を表す不定詞	217
STEP 135	〈感情の原因〉を表す不定詞	218
	ドリル問題 ㉞	219
STEP 136	too 〜＋不定詞	220
STEP 137	疑問詞＋不定詞	221
STEP 138	動詞＋人＋不定詞 (1)	222
STEP 139	動詞＋人＋不定詞 (2)	223
	ドリル問題 ㉟	224
STEP 140	動名詞の基本	225
STEP 141	動詞＋動名詞	226
STEP 142	前置詞＋動名詞 (1)	227
STEP 143	前置詞＋動名詞 (2)	228
STEP 144	動詞＋人＋動名詞	229
	ドリル問題 ㊱	230
STEP 145	過去分詞＋名詞	231
STEP 146	現在分詞＋名詞	232
STEP 147	動名詞＋名詞	233
STEP 148	名詞＋過去分詞	234
STEP 149	名詞＋現在分詞	235

ドリル問題 ㊲ 236

第12章 関係代名詞

STEP 150 関係代名詞 (that) の省略 (1) 239
STEP 151 関係代名詞 (that) の省略 (2) 240
STEP 152 関係代名詞 (that) の省略 (3) 241
ドリル問題 ㊳ 242
STEP 153 省略できない that(関係代名詞) 243
STEP 154 who(関係代名詞) 244
STEP 155 what(関係代名詞) 245
ドリル問題 ㊴ 246

第13章 接続詞

STEP 156 and/or 249
STEP 157 but/so 250
STEP 158 when/while 251
ドリル問題 ㊵ 252
STEP 159 before/after 253
STEP 160 until/as soon as 254
STEP 161 if 255
STEP 162 because 256
ドリル問題 ㊶ 257

第14章 比較

STEP 163 原級 (1) 261
STEP 164 原級 (2) 262
STEP 165 原級 (3) 263

STEP 166	原級 (4)	264
STEP 167	原級 (5)	265
	ドリル問題 ㊷	266
STEP 168	比較級 (1)	267
STEP 169	比較級 (2)	268
STEP 170	比較級 (3)	269
STEP 171	比較級 (4)	270
STEP 172	比較級 (5)	271
STEP 173	比較級 (6)	272
	ドリル問題 ㊸	273
STEP 174	最上級 (1)	274
STEP 175	最上級 (2)	275
STEP 176	最上級 (3)	276
STEP 177	最上級 (4)	277
STEP 178	最上級 (5)	278
STEP 179	原級 (6)	279
STEP 180	比較級 (7)	280
	ドリル問題 ㊹	281

本文デザイン / 内藤裕之
イラスト / コウゼンアヤコ
協力 / マイケル・キャシュン

基本的な文法用語

この本の説明を理解するためには、いくつかの基本的な文法用語の意味を知っておく必要があります。これらは算数の九九と同じようなものなので、最初に頭に入れておいてください。

品詞

単語を性質や働きによってグループ分けしたものを「品詞」と言います。主な品詞として、最初に次の3つを知っておきましょう。

品 詞	働 き	例
名 詞	ものの名前を表す	dog（犬）、girl（少女）
動 詞	動きや状態を表す	go（行く）、like（好む）
形容詞	名詞を説明する	old（古い）、good（よい）

そのほかの品詞には、代名詞・助動詞・副詞・前置詞・接続詞・冠詞などがあります。

名詞の単数と複数

「単数」とは「1つ[1人]」のこと。「複数」とは「2つ[2人]以上」のこと。英語の名詞には、単数形と複数形があります。複数形は、単数形の後ろに -s または -es をつけて作るのが原則です。

- a dog（1匹の犬）→ two dogs（2匹の犬）
- a box（1つの箱）→ three boxes（3つの箱）

なお、baby（赤ちゃん）→ babies、child（子ども）→ children のように、少し形の違う複数形もあります。

人称代名詞

「人称」とは、「私」「あなた」「それ以外」の3つを区別する言葉です。

基本的な文法用語

	1人称	2人称	3人称
単数	私	あなた	それ以外のすべての単数の物・人
複数	私たち	あなたたち	それ以外のすべての複数の物・人

● 3人称単数の例：Tom(トム)、the cat(そのネコ)
● 3人称複数の例：people(人々)、two cars(2台の車)

「代名詞」とは名詞の代わりに使う言葉で、たとえばTomはhe(彼)という代名詞で言い換えられます。代名詞の形は人称ごとに決まっています。

	1人称	2人称	3人称
単数	I 私は	you あなたは	he 彼は she 彼女は it それは
複数	we 私たちは	you あなたたちは	they 彼［彼女・それ］らは

格

名詞・代名詞は、3つの「格」を持っています。格とは次のような意味を表す形のことです。

格	表す意味	名詞の格の例	代名詞の格の例
主 格	「～は」	Tom トムは	I 私は
所有格	「～の」	Tom's トムの	my 私の
目的格	「～を」	Tom トムを	me 私を

代名詞の格をまとめると、次のようになります。

15

		主格（～は）	所有格（～の）	目的格（～を）
単数	1人称	I	my	me
	2人称	you	your	you
	3人称	he	his	him
		she	her	her
		it	its	it
複数	1人称	we	our	us
	2人称	you	your	you
	3人称	they	their	them

be 動詞

動詞には、be 動詞と一般動詞の 2 種類があります。

be 動詞を使った文の基本形は、次のようなものです。

- This is a textbook. ＝これは教科書です。
  A   B   A   B

つまり、〈A ＋ be 動詞＋ B〉の形で「A は B です」という意味を表すわけです。be 動詞(現在形)には is・am・are の 3 つがあり、A に何を置くかによって選ぶ形が異なります。

	1人称	2人称	3人称
単数	I am ～. 私は～です。	You are ～. あなたは～です。	He is ～. 彼は～です。 The cat is ～. そのネコは～です。
複数	We are ～. 私たちは～ です。	You are ～. あなたたちは～ です。	They are ～. 彼らは～です。 The girls are ～. その少女たちは～です。

基本的な文法用語

一般動詞

一般動詞は be 動詞以外の動詞で、「〜する」「〜の状態だ」などの意味を表します。
- 動作を表す動詞の例：eat（食べる）、make（作る）、sing（歌う）、walk（歩く）
- 状態を表す動詞の例：have（持っている）、live（住んでいる）、love（愛している）

現在・過去・未来の表し方

次の3つの文を見てみましょう。
〈現在〉I drink beer.（私はビールを[習慣的に]飲む）
〈過去〉I drank beer.（私はビールを飲んだ）
〈未来〉I will drink beer.（私はビールを飲むつもりだ）

drink（飲む）という動詞からは、drank（飲んだ）という「過去形」ができます。過去形は、「過去に〜した[だった]」の意味を表す形です。
一方、「未来に〜するだろう[するつもりだ]」という意味を表すには、主に〈will ＋動詞の原形〉を使います。「原形」とは元の形（drink）のこと。現在のことは原則として原形で表します。

肯定文・否定文・疑問文

英語の文のほとんどは、次の3種類に分けられます。

文の種類	文の意味
肯定文	「〜だ」「〜する」
否定文	「〜ではない」「〜しない」
疑問文	「〜ですか？」「〜しますか？」

〈肯定文〉He is a doctor.（彼は医者だ）
〈否定文〉He isn't a doctor.（彼は医者ではない）
〈疑問文〉Is he a doctor?（彼は医者ですか）

17

主語・動詞・目的語

これらは、英文を構成する要素(文の要素)の呼び名です。
- 主語(S)＝「〜は」に当たる要素
- 動詞(V)＝「〜する」「〜だ」に当たる要素
- 目的語(O)＝「〜を」に当たる要素

英語の文で最もよく使われるのは、次のような形です。

　<u>I</u>　　　<u>love</u>　　　<u>you</u>.　　　(私はあなたを愛しています)
主語 (S)　動詞 (V)　目的語 (O)

文の要素と品詞の関係は、次のとおりです。

文の要素	主語	動詞	目的語
品　詞	名詞・代名詞	動詞	名詞・代名詞

このとき、主語として使う名詞・代名詞の形を「主格」、目的語として使う名詞・代名詞の形を「目的格」と言います。次の2つの文を比べてみましょう。
- I love you.（私はあなたを愛しています）
- You love me.（あなたは私を愛しています）

「あなたは」(主格)と「あなたを」(目的格)はどちらも you ですが、「私は」(主格)は I、「私を」(目的格)は me です。p.5 の「格」の表で確認してください。

以上が、英文法の「基本の基本」です。次ページ以降の説明がよくわからないときは、この部分に戻って用語の意味を確認してください。

第1章 be動詞の基本

be 動詞の基本

まず、英文を書くときの基本的なルールを確認しておきましょう。

①文の最初は大文字で書く。I(私は)は文中でも大文字を使う。
②文の最後にはピリオド(.)を置く。疑問文の最後には疑問符(?)を置く。日本語の「、」に当たるのはカンマ(,)。

be 動詞を使った文の基本形は、次の3つです。

肯定文	A is B.	A は B です。
否定文	A is not B.	A は B ではない。
疑問文	Is A B?	A は B ですか？

否定文は is の後ろに not をつけます。疑問文は is を文の最初に置きます。be 動詞には is のほかに am、are などがあり、これらも is と同じように使います。

第 1 章 be 動詞の基本

STEP 1 is ―肯定文

This is my bag.
(これは私のバッグです)

解説

This is ～ . (これは～です)

近くにあるものを指して使います。

That's ～ . (あれは～です)

離れているところにあるものを指して使います。
That's は That is の短縮形(1 語にまとめた形)です。

例文

① This is my brother.　こちらは私の兄です。

② This is our school.　これは私たちの学校です。

③ That's my hotel.　あれは私のホテルです。

④ That's our train.　あれは私たちの乗る電車です。

プラス

① brother は「兄または弟」、sister は「姉または妹」です。どちらの意味かを明らかにしたいときは、big brother (兄)、little sister (妹)のように言います。

③ my bag は「私が所有しているバッグ」ですが、my hotel は「私が泊まっているホテル」です。所有格はこのように使うこともできます。

21

STEP 2　is ―否定文

This isn't my umbrella.
（これは私の傘ではありません）

ディス　イズント　マイ　アムブレラ

解説

This isn't ～．(これは～ではない)

「～ではない」の意味を表すには、is の後ろに not をつけて is not とします。これを短縮形にすると isn't になります。

That isn't ～．(あれは～ではない)

that の場合も同様です。That's not ～． でもかまいません。

例文

① This isn't your seat.　ここはあなたの席ではありません。

② This isn't my PC.　これはぼくのパソコンじゃないよ。

③ That isn't our plane.　あれは私たちが乗る飛行機ではない。

④ That isn't Kenji's bike.　あれは健二くんの自転車じゃないよ。

プラス

④「私の」は my、「あなたの」は your ですが、人名などには 's (アポストロフィ・エス)をつけて「～の」の意味を表します。たとえば「秀樹のカメラ」は Hideki's camera、「恵子のお姉さんの車」は Keiko's sister's car です。

第1章 be動詞の基本

STEP 3　is —疑問文(1)

Is this your book? — Yes, it is.
(これはあなたの本ですか — はい、そうです)

解説

Is this [that] ~?（これ[あれ]は~ですか？）

This is your book.（これはあなたの本です）
→ Is this your book?（これはあなたの本ですか？）
疑問文を作るには、be動詞(is)を文の最初に移動します。

答え方：次のように答えます。

Yes, it is.（はい、そうです）／ No, it isn't.（いいえ、違います）
it は「それ」の意味で、単数の物を指す代名詞です。
Yes, this is. とは言いません。

例文

① Is this your umbrella?「これは君の傘なの？」
　Yes, it is.「うん、そうだよ」

② Is that your house?「あれは君の家なの？」
　No, it isn't.「いいや、違うよ」

③ Is this our table?「ここは私たちのテーブルですか？」
　Yes, it is.「はい、そうです」

④ Is that your father's car?「あれは君のお父さんの車？」
　No, it isn't.「いいや、違うよ」

23

ドリル問題①(STEP1 〜 3)

1 カッコ内に単語を入れて、英文を完成させてください。

① これは私のアルバムです。
( )( ) my album.

② あれが私たちの家です。
( )( ) house.

③ 「あれはあなたの学校ですか?」「はい、そうです」
( )( ) your school? — Yes, ( )( ).

④ 「これは君の自転車なの?」「いいや、違うよ」
( )( ) your bike? — No, ( )( ).

2 日本語を英訳してください。

① あれが私の学校です。

② ここは私たちの教室(classroom)ではありません。

③ 「あれは君のお兄さんの車かい?」「うん、そうだよ」

④ 「これは私たちの乗るバスですか?」「いいえ、違います」

答

1 ① This is ② That's our ③ Is that, it is ④ Is this, it isn't

2 ① That's my school. ② This isn't our classroom.
  ③ Is that your brother's car? — Yes, it is.
  ④ Is this our bus? — No, it isn't.

第1章 be動詞の基本

STEP 4　is ─疑問文(2)

> # Is he a doctor?
> イズ　ヒー　ア　ダクタ
> **(彼は医者ですか？)**

解説

Is he [she] ～？（彼[彼女]は～ですか？）

「A は B ですか？」と尋ねる基本的な形は、〈Is A B?〉です。A の位置には、this・that のほかに、he・she・Tom・the dog など、単数の名詞や代名詞なら何でも置くことができます。

答え方

A が物の場合は Yes, it is.、または No, it isn't. で答えますが、人の場合は男性か女性かによって he と she を使い分けます。

例文

① Is he a lawyer?「彼は弁護士ですか？」
　Yes, he is.「はい、そうです」

② Is she a nurse?「彼女は看護師ですか？」
　Yes, she is.「はい、そうです」

③ Is your father a doctor?「君のお父さんは医者なの？」
　No, he isn't.「いいや、違うよ」

④ Is Keiko your cousin?「恵子は君のいとこなの？」
　No, she isn't.「いいや、違うよ」

STEP 5　is —形容詞

This house is big.
ディス　ハウス　イズ　ビッグ
(この家は大きい)

解説

this [that] +名詞 (この[あの]～)

This is ～ の this は「これ」ですが、this house は「この家」という意味です。このように、this や that の後ろに名詞を置いて「この[あの]～」という意味を表すことができます。

A is +形容詞. (A は～だ)

〈A is B.〉(A は B だ) の形では、B の位置に名詞でなく形容詞を置くこともできます。形容詞とは、big (大きい)、kind (親切な)、easy (易しい) など、人や物の状態や性質を表す言葉です。

例文

① This question is difficult.　この問題は難しい。

② This puppy is very cute.　この子犬はとてもかわいい。

③ That man is tall.　あの男性は背が高い。

④ That building is very old.　あの建物はとても古い。

プラス

④形容詞の意味を強めたいときは、very(とても)を前に置きます。

第1章 be動詞の基本

STEP 6 is —形容詞＋名詞

> # He is a good player.
> （彼はいい選手だ）
>
> ヒー イズ ア グッド プレイヤ

解説

a ＋形容詞＋名詞（〜な○○）

形容詞を名詞の前に置くと「〜な○○」の意味を表します。

(a) This car is big. （この車は大きい）

(b) This is a big car. （これは大きな車だ）

(b)は、a car (1台の車) → a big car (1台の大きな車) のように考えます。a は名詞(car)の前に置く言葉なので、(a)の big の前に a をつけてはいけません。This car is a big. と言わないよう注意しましょう。

例文

① That's a big house. あれは大きな家だ。

② This is an exciting movie. これはわくわくする映画だ。

③ She is a kind nurse. 彼女は親切な看護師だ。

④ My uncle is a rich businessman. おじは金持ちの実業家だ。

プラス

②母音（アイウエオに近い音）で始まる語の前では、a は an に変わります。

27

ドリル問題②(STEP4 〜 6)

1 カッコ内に単語を入れて、英文を完成させてください。

① これはとてもかわいいネコですね。
This is ( ) ( ) cute cat.

② あの看護師さんは親切だ。
( ) nurse ( ) ( ).

③「あの男の子がサムなの?」「うん、そうだよ」
( ) ( ) ( ) Sam? — Yes, ( ) ( ).

④「この問題は難しいですか?」「いいえ、難しくありません」
( ) ( ) question ( )? — No, ( ) ( ).

2 日本語を英訳してください。

① 彼のお父さんは弁護士ですか?

② 彼女のお姉さんはとても背が高い。

③「この建物はホテルですか?」「はい、そうです」

④「あの女の子(girl)は直子の妹かい?」「いいや、違うよ」

答

1 ① a very ② That, is kind ③ Is that boy, he is
④ Is this, difficult, it isn't

2 ① Is his father a lawyer? ② Her sister is very tall.
③ Is this building a hotel? — Yes, it is.
④ Is that girl Naoko's sister? — No, she isn't.

第1章 be動詞の基本

STEP 7　am―肯定文・否定文

> # I am an engineer.
> アイ　アム　ア　ネンジニア
> (私は技師です)

解説

I am ～．(私は～だ)

「A は B だ」の基本形は〈A is B.〉ですが、A =「私」のときは I am B. と言います。B の位置には名詞や形容詞を置きます。I am の短縮形は I'm です。
アイム

I'm not ～．(私は～ではない)

「私は～ではない」は I am [I'm] not ～で表します。is not の短縮形は isn't ですが、am not は短縮形にしません。

例文

① I'm a poor cook. 私は料理が下手です。

② I'm healthy. 私は健康です。

③ I'm not hungry. おなかはすいていません。

④ I'm not your mother. 私はあなたのママじゃないわ。

プラス

① I'm a poor cook. は「私は下手な料理(をする)人だ」の意味で、プロのコックでなくても使えます。同様に「彼女は歌が上手だ」は She is a good singer. と表現できます(singer ＝歌う人)。

29

STEP 8　are —肯定文・否定文(1)

You are lucky.
(君は運がいいよ)

解説

You are ~. (君は~だ)

〈A is B.〉の形には2つの例外があります。1つは A =「私」の場合 (I am B.)。もう1つが A =「あなた」の場合で、You is B. ではなく You are B. と言います。短縮形は You're です。

You aren't ~. (君は~ではない)

否定文は、are の後ろに not をつけて作ります。are not の短縮形は aren't。You're not でもかまいません。

例文

① You're smart. 君は頭がいいね。

② You're a nice guy. 君はいいやつだ。

③ You aren't right. 君(の言うこと)は正しくない。

④ You aren't my boss. 君はぼくの上司じゃないだろ。

プラス

① smart は「頭がいい (clever)」の意味です。「君はスマートだ[ほっそりしている]」と言いたいときは、You're slim [slender]. などを使います。

第1章 be動詞の基本

STEP 9　are ─ 疑問文(1)

Are you serious?
アー　ユー　シ(ア)リアス
(本気かい？)

解説

Are you ～?（あなたは～ですか？）

〈A is B.〉の疑問文が〈Is A B?〉となるのと同じように、〈You are B.〉の疑問文は〈Are you B?〉になります。

答え方

「あなたは～ですか？」という問いに対して「はい（私は～です）」と答えるときは、Yes, I am. と言います。「違います」は No, I'm not. です。

例文

① Are you tired?「疲れているの？」
　Yes, I am.「うん、そうだよ」

② Are you an only child?「君は一人っ子かい？」
　Yes, I am.「うん、そうだよ」

③ Are you a salesman?「あなたはセールスマンですか？」
　No, I'm not.「いいえ、違います」

④ Are you Naomi's friend?「あなたは直美の友だち？」
　No, I'm not.「いいえ、違うわ」

STEP 10　are —肯定文・否定文(2)

They are police officers.
(彼らは警官だ)

ゼイ　アー　パリース　アフィサズ

解説

They are ～ .（彼らは～だ）

「A は B だ」の A が複数の人や物のときは、〈A are B.〉の形になります。They are の短縮形は They're です。B に名詞を置くときは複数形にします。

They aren't ～ .（彼らは～ではない）

否定文は are の後ろに not をつけて作ります。短縮形は They aren't でも They're not でもかまいません。

例文

① They are my friends.　彼女らは私の友だちです。

② The boys are tall.　その男の子たちは背が高い。

③ They aren't high school students.　彼らは高校生ではない。

④ The countries aren't rich.　その国々は豊かではない。

プラス

①③ they（彼ら、彼女ら、それら）は、he・she・it の複数形です。

第1章 be 動詞の基本

STEP 11　are —疑問文(2)

> # Are they soccer players?
> （彼らはサッカー選手ですか？）

解説

Are they ～?（彼らは～ですか？）

〈A are B.〉の疑問文は、〈Are A B?〉の形にします。

答え方

〈Are A B?〉という質問に対しては、Yes, they are.（はい、そうです）、または No, they aren't.（いいえ、違います）で答えます。

例文

① Are they good dancers?「彼らは踊りが上手ですか？」
　Yes, they are.「はい、上手です」

② Are these pictures beautiful?「これらの絵はきれいですか？」
　Yes, they are.「はい、きれいです」

③ Are those birds?「あれらは鳥ですか？」
　No, they aren't.「いいえ、違います」

④ Are his brothers fat?「彼の兄弟は太っていますか？」
　No, they aren't.「いいえ、太ってはいません」

プラス

② these（これら[の]）は this の複数形、③ those（あれら[の]）は that の複数形です。

ドリル問題③(STEP7〜11)

1 カッコ内に単語を入れて、英文を完成させてください。

① 私は歌うのが下手です。
( )( ) poor singer.

② 私は高校生ではありません。
( )( ) a high school student.

③ 「あなたは野球ファンですか?」「いいえ、違います」
( )( ) a baseball fan? — No, ( )( ).

④ 「彼らはあなたの友人ですか?」「はい、そうです」
( )( ) your friends? — Yes, ( )( ).

2 日本語を英訳してください。

① あれらの選手たちは長身ではない。

② 「君は真理子の友だちなの?」「ええ、そうよ」

③ 「これらはあなたの本ですか?」「いいえ、違います」

④ 「君のお姉さんたちは学生なの?」「ええ、そうよ」

答

1 ① I'm a ② I'm not ③ Are you, I'm not ④ Are they, they are

2 ① Those players aren't tall.
② Are you Mariko's friend? — Yes, I am.
③ Are these your books? — No, they aren't.
④ Are your sisters students? — Yes, they are.

STEP 12　are ―肯定文・否定文(3)

> # We are good friends.
> ウィ　アー　グッド　フレンジ
> (私たちは仲良しです)

解説

We are ~ . (私たちは~だ)

「A は B だ」の A が複数の人や物のときは、例外なく is が are になります。したがって、「私は~だ」は I am ~. ですが、「私たちは~だ」は We are ~. で表します。短縮形は We're です。

We aren't ~ . (私たちは~ではない)

否定文は、are の後ろに not をつけます。短縮形は We aren't または We're not です。

例文

① We are university students. 私たちは大学生です。

② We're very busy. 私たちはとても忙しい。

③ We aren't sisters. 私たちは姉妹ではありません。

④ We aren't very tired. 私たちはあまり疲れていない。

プラス

① We are の後ろに名詞を置くときは、必ず複数形にします。

④ not + very は「あまり~ではない」の意味を表します。

STEP 13　are ─ 疑問文(3)

Are you tourists?
(あなたたちは観光客ですか？)

解説

Are you ～ ?（あなたたちは～ですか？）

「あなた」と「あなたたち」は、どちらも you で表します。「あなたたちは～だ」は You are ～.、疑問文は Are you ～ ? です。

答え方

「はい(私たちは～です)」は Yes, we are.、「いいえ」は No, we aren't. と言います。

例文

① Are you unmarried?「あなたたちは未婚ですか？」
　Yes, we are.「はい、そうです」

② Are you cousins?「君たちはいとこ同士なの？」
　Yes, we are.「うん、そうだよ」

③ Are you Japanese?「あなたたちは日本人ですか？」
　No, we aren't.「いいえ、違います」

④ Are you and Ken classmates?「君と健はクラスメイトなの？」
　No, we aren't.「いや、違うよ」

プラス

④は、「you and Ken＝君たち(you)」と考えます。

STEP 14 天気などを表す文の it

It's very hot.
(とても暑い)

イッツ ヴェリー ハット

解説

天気などを表す it

it はもともと「それ」という意味ですが、天気、温度、時刻など、あるいはその場の状況をばくぜんと表す文の主語としても使います。この場合には「それ」とは訳しません。it is の短縮形は it's です。

It's +時刻（〜時です）

It's の後ろに時刻を表す数字を置いて「(今は)〜の時刻だ」の意味を表すことができます。

例文

① Is it cloudy?　曇っているの？

② It's noisy.　騒がしいね。

③ It's eight (o'clock).　8時だ。

④ It's nine fifteen.　9時15分だ。

プラス

③「(きっかり)〜時」は、数字の後ろに o'clock という語をつけて表すこともあります。

ドリル問題④(STEP12〜14)

1 カッコ内に単語を入れて、英文を完成させてください。

① 私たちは技師です。
( )( ) engineers.

②「君たちは香織の友だちなの？」「いいえ、違います」
( )( ) Kaori's ( )? — No, ( )( ).

③「君と美紀はいとこ同士なの？」「ええ、そうよ」
( )( )( ) Miki cousins? — Yes, ( )( ).

④ 今日は曇りだ。
( ) cloudy today.

2 日本語を英訳してください。

① 私たちは観光客ではありません。

②「君たちは忙しいの？」「ええ、そうです」

③ 8時15分だ。

④ 今日はあまり暑くない。

答

1 ① We are ② Are you, friends, we aren't
③ Are you and, we are ④ It's

2 ① We aren't tourists. ② Are you busy? — Yes, we are.
③ It's eight fifteen. ④ It isn't [It's not] very hot today.

第2章
一般動詞の基本

一般動詞の基本

一般動詞は、主語の動作や状態を表します。一般動詞を使った最も基本的な文の形は、次のようなものです。

A ＋一般動詞＋ B. ＝ A は B を〜する

（例）I watch TV.（私はテレビを見ます）

このように、一般動詞の後ろに名詞や代名詞を置くと、「〜を…する」の意味になるのがふつうです。

このタイプの文は、次の3種類に大別できます。

肯定文	A 動詞 B.	A は B を〜する。
否定文	A don't 動詞 B.	A は B を〜しない。
疑問文	Do A 動詞 B?	A は B を〜しますか？

否定文や疑問文は、do という言葉の助けを借りて作ります。この do は意味を持たない単なる記号と考えてください。

第2章 一般動詞の基本

STEP 15　一般動詞—肯定文(1)

> # I like dogs.
> (私は犬が好きだ)
> アイ　ライク　ドーグズ

解説

I ＋一般動詞 ～ .（私は～を…する）

like は「～を好む」。I like dogs. で「私は犬を好む」という意味になります。次の文法用語も確認しておきましょう。

　I　like　dogs.　　S＝主語　V＝動詞　O＝目的語
　S　V　　O

例文

① I want a girlfriend. ガールフレンドがほしい。

② I help my mother. 私は母の手伝いをします。

③ I use this computer. 私はこのパソコンを使う。

④ I study Chinese. 私は中国語を勉強している。

プラス

「～（一般動詞）が好きだ」は、I like dogs. のように複数形の名詞で表します。ただし、複数形にしない名詞は I like soccer. のように言います。

①② want は「～をほしがる」、help は「～を手伝う」の意味です。

41

STEP 16 一般動詞―否定文(1)

I don't like hot food.
(辛い料理は好きじゃないわ)

アイ ドウント ライク ハット フード

解説

I don't ＋一般動詞 ～. (私は～を…しない)

I am ～. の否定文は I am not ～. ですが、I like ～. の否定文は I like not ～. ではありません。一般動詞の否定文は、動詞の前に don't を置いて作ります。don't は do not の短縮形です。

例文

① I don't drink alcohol. 私はお酒を飲みません。

② I don't like soccer very much. サッカーはあまり好きじゃない。

③ We don't know the singer. 私たちはその歌手を知りません。

④ You don't eat (very) much. 君はあまり食べないね。

プラス

②〈like ～ very much〉は「～が大好きだ」。否定文にすると「～があまり好きではない」という意味になります。

③④ I の代わりに we や you を主語にした文も、同じように作ることができます。

STEP 17 一般動詞─疑問文(1)

Do you have a car?
（車を持ってるの？）

ドゥ ユー ヘァヴ ア カー

解説

Do you ＋一般動詞 ～？（あなたは～を…しますか？）

You are ～. の疑問文は Are you ～? ですが、一般動詞を疑問文にするときは Do を最初に置き、後ろには肯定文の形をそのまま続けます。

答え方

「はい（そうです）」は Yes, I do.、「いいえ」は No, I don't. と言います。これらの do も文の形を整えるための記号に近いものです。

例文

① Do you like music?「音楽は好きなの？」
　Yes, I do.「ええ、好きよ」

② Do you eat breakfast?「朝食を食べている？」
　Yes, I do.「うん、食べているよ」

③ Do you have brothers or sisters?「兄弟か姉妹はいるの？」
　No, I don't.「いいや、いないよ」

④ Do you know her name?「彼女の名前を知っている？」
　No, I don't.「いいえ、知らないわ」

ドリル問題⑤(STEP15 ～ 17)

1 カッコ内に単語を入れて、英文を完成させてください。

① 私はネコが大好きです。
(　　)(　　) cats (　　)(　　).

② 私は肉を食べません。
(　　)(　　) eat meat.

③ 「君は夕食を作るの?」「いいや、作らないよ」
(　　)(　　) make supper? — No, (　　)(　　).

④ 「韓国語を勉強しているの?」「うん、しているよ」
(　　)(　　)(　　) Korean? — Yes, (　　)(　　).

2 日本語を英訳してください。

① このパソコンがほしい。

② ぼくは魚があまり好きじゃない。

③ 「この歌を知っていますか?」「いいえ、知りません」

④ 「サッカーは好きですか?」「はい、好きです」

答

1 ① I like, very much　② I don't　③ Do you, I don't
　④ Do you study, I do

2 ① I want this computer [PC].　② I don't like fish very much.
　③ Do you know this song? — No, I don't.
　④ Do you like soccer? — Yes, I do.

STEP 18　一般動詞—肯定文(2)

> # He speaks good English.
> (彼は上手な英語を話す)
> ヒー　スピークス　グッド　イングリッシュ

解説

He ＋一般動詞[-s/-es] ～ .（彼は～を…する）

主語が「私」「あなた」以外の１つの物や１人の人のときは、一般動詞に -s をつけます。つまり、He、She、Tom、The dog、This house などが主語のときです。この s を「3 単現(3 人称単数現在形)の s」と言うこともあります。

例文

① My husband likes sports.　夫はスポーツが好きです。

② He watches TV news.　彼はテレビのニュースを見る。

③ She studies Japanese history.　彼女は日本史を勉強している。

④ The dog has a long tail.　その犬は長い尾を持っている。

プラス

②原則は -s をつけますが、watch のように -es をつける動詞もあります。また③ study は studies のように変化します。

④ have (～を持っている)だけは例外で、haves ではなく has という形に変化します。

STEP 19　一般動詞―否定文(2)

> # He doesn't sing karaoke.
> ヒー　ダズント　スィング　カラオケ
> (彼はカラオケを歌わない)

解説

He doesn't ＋一般動詞 ～ .（彼は～を…しない）

I sing karaoke. の否定文は I don't sing karaoke. です。He sings karaoke. の否定文を作るときは、sings の s を don't の方にくっつけます。このとき don't の do に s をつけて、doesn't [= does not] という形にします。その代わり後ろの sing には s をつけません。

He sings karaoke. → He doesn't sing karaoke.

例文

① She doesn't know my address.　彼女はぼくのアドレスを知らない。

② Ken doesn't have a cell phone.　健は携帯電話を持っていない。

③ The shop doesn't sell DVDs.　その店は DVD を売っていない。

④ This room doesn't have a TV.　この部屋にはテレビがない。

プラス

④ have（～を持っている）は人間以外のものも主語にできます。たとえば「1週間は7日ある」は、A week has seven days. です。

STEP 20 一般動詞—疑問文(2)

> # Does he play golf?
> (彼はゴルフをしますか?)

解説

Does he +一般動詞 ~ ?(彼は~を…しますか?)

You play ~. の疑問文は Do you play ~? ですが、3 単現の s がついた一般動詞を疑問文にするときは Does を最初に置きます。

答え方

「はい(そうです)」は Yes, he does.、「いいえ」は No, he doesn't. のように言います。主語は she や it の場合もあります。

例文

① Does your sister like cooking?「お姉さんは料理が好きなの?」
   Yes, she does. 「ええ、そうよ」

② Does your uncle write novels?「おじさんは小説を書くの?」
   Yes, he does. 「うん、そうだよ」

③ Does Eri clean her room?「絵里は部屋を掃除するの?」
   No, she doesn't.「いいえ、しないわね」

④ Does this town have a library?「この町には図書館がありますか?」
   No, it doesn't.「いいえ、ありません」

ドリル問題⑥ (STEP18 ～ 20)

1 カッコ内に単語を入れて、英文を完成させてください。

① サリーは日本語を勉強している。
Sally (　　　) Japanese.

② 私の犬はテレビを見る。
My dog (　　　) TV.

③ 「トムはサッカーをしますか？」「いいえ、しません」
(　　　) Tom (　　　) soccer? — No, (　　　) (　　　).

④ 私の家には車庫がない。
My house (　　　) (　　　) a garage.

2 日本語を英訳してください。

① 彼には弟が２人いる。

② あなたの夫(husband)はあなたの手伝いをしますか？

③ 「君のお姉さんは車を持っているの？」「ええ、持っています」

④ 「彼は君の住所(address)を知っているの？」
「いいえ、知りません」

答

1 ① studies ② watches ③ Does, play, he doesn't ④ doesn't have

2 ① He has two brothers. ② Does your husband help you?
③ Does your sister have a car? — Yes, she does.
④ Does he know your address? — No, he doesn't.

第3章

過去を表す形

過去を表す形

第1・2章で取り上げたのは、すべて「現在」のことを語る文です。たとえば I play golf.（私はゴルフをする）の play は現在のことを語っているので、「現在形（の動詞）」と言います。

これに対して第3章では、「〜だった」「〜した」という過去のことを語る動詞の形（過去形）を学びます。

be 動詞の現在形と過去形には、次の関係があります。

現在形	is	am	are
過去形	was		were

現在形は3種類でしたが、過去形は was と were の2種類だけです。

一般動詞の過去形には、次の2つのタイプがあります。

種類	過去形の作り方	例
規則動詞	原形に -ed をつける	play → played
不規則動詞	それぞれ違う形を使う	speak → spoke

※原形＝語尾に s などをつけない「もともとの形」のこと。

過去形の否定文や疑問文の作り方は、現在形の場合と同じように考えることができます。

第3章 過去を表す形

STEP 21　be 動詞（was）—肯定文・否定文

I was busy yesterday.
（きのうは忙しかった）

アイ　ワズ　ビズィ　イエスタデイ

解説

I was ～．（私は～だった）

I am ～．を過去形にすると、I was ～．となります。is の過去形も was なので、「彼は～だった」は He was ～．です。

I wasn't ～．（私は～ではなかった）

was を使った否定文は、am や is と同じように後ろに not をつけます。was not の短縮形は wasn't です。

ウズント

例文

① He was late. 彼は遅刻した。

② The movie was boring. その映画は退屈だった。

③ I wasn't a good student. 私は優等生ではなかった。

④ The woman wasn't a nurse. その女性は看護師ではなかった。

プラス

yesterday（きのう）、always（いつも）、here（ここで）など、時や場所などを説明をするために文中に加える語があります。これらは文法的には「副詞」と呼ばれます。副詞は名詞以外のものを説明する働きを持ち、very big（とても大きい）の very も副詞です。

51

STEP 22　be 動詞(was)—疑問文

Was he angry?
（彼は怒っていたの？）

解説

Was he ～?（彼は～でしたか？）

He is angry.(彼は怒っている)を疑問文にすると、Is he angry? ですね。過去形の疑問文も同様です。He was angry.(彼は怒っていた)の疑問文は、was を前に出して作ります。

答え方

was を使った疑問文に答えるときは、Yes, he was. (はい、そうです)、No, he wasn't. (いいえ、違います)と言います。主語は she や it にもなります。

例文

① Was Mariko absent?「真理子は欠席していたの？」
　Yes, she was.「うん、そうよ」

② Was the movie interesting?「映画は面白かった？」
　Yes, it was.「うん、面白かったよ」

③ Was your brother sick?「お兄さんは病気だったの？」
　No, he wasn't.「いいや、違うよ」

④ Was that a UFO?「あれは UFO だったの？」
　No, it wasn't.「いいや、そうじゃないよ」

第3章 過去を表す形

STEP 23　be 動詞(were)―肯定文・否定文

You were careless.
(君は不注意だったね)

解説

You were ~ .（君は~だった）

are の過去形は were です。「私たち[彼ら]は~だった」も We [They] were ~ . と言います。

You weren't ~ .（君は~ではなかった）

were を使った否定文は、were の後ろに not をつけます。were not の短縮形は weren't です。

例文

① You were lucky. 君は幸運だったね。

② All the shops were closed. 店は全部閉まっていた。

③ They weren't very kind. 彼らはあまり親切じゃなかった。

④ We weren't good friends. 私たちは仲良しではなかった。

プラス

②「(特定のグループ内の)全部の~」は〈all + the +名詞〉で表します。たとえば「全社員」は all the employees です。the all employees と言わないよう注意しましょう。

53

STEP 24 be 動詞(were)—疑問文

Were you out yesterday?
ワー ユー アウト イエスタデイ
(きのうは外出していたの？)

解説

Were you ~?（君は~でしたか？）

You were ~. の疑問文は、were を前に出して作ります。

答え方

Were you ~ ? に対しては、Yes, I was. (はい)、No, I wasn't. (いいえ)と言います。you が「君たち」の意味なら we で答えます。主語が you 以外の複数の人や物なら、答えの文には they を使います。

例文

① Were you drunk?「君は酔っていたのかい？」
　Yes, I was.「うん、酔っていた」

② Were the islands beautiful?「その島々はきれいでしたか？」
　Yes, they were.「ええ、きれいでした」

③ Were you classmates?「君たちはクラスメイトだったの？」
　No, we weren't.「いいや、違うよ」

④ Were the children quiet?「子どもたちは静かだった？」
　No, they weren't.「いいえ、静かではありませんでした」

第3章 過去を表す形

ドリル問題⑦(STEP21 ～ 24)

1 カッコ内に単語を入れて、英文を完成させてください。

① 社長は怒ってはいなかったよ。
The boss (　　) angry.

②「あなたの泊まったホテルはよかった？」「ええ、よかったわ」
(　　) your hotel good? — Yes, (　　) (　　).

③ その人々はみんな親切だった。
(　　) (　　) people (　　) kind.

④「君のおじさんは医者だったの？」「うん、そうだよ」
(　　) your uncle a doctor? — Yes, (　　) (　　).

2 日本語を英訳してください。

① 私の母は彼女のお母さんのクラスメイトでした。

② その建物は彼の家ではなかった。

③「君たちは疲れていたの？」「うん、疲れていたよ」

④「その本は面白かった？」「いいや、面白くなかった」

答

1 ① wasn't ② Was, it was ③ All the, were ④ Was, he was

2 ① My mother was her mother's classmate.
② The building wasn't his house.
③ Were you tired? — Yes, we were.
④ Was the book interesting? — No, it wasn't.

55

STEP 25 一般動詞（過去形）―肯定文

I cleaned my room.
（私は部屋を掃除した）

解説

I +一般動詞[過去形] ～ . （私は～を…した）

一般動詞を使って過去を表すには、動詞を過去形にします。原形の後ろに -ed をつけて過去形を作る場合と、不規則な過去形を使う場合とがあります。

例文

① I liked ice cream. 私はアイスクリームが好きだった。

② We cooked dinner together. 私たちは一緒に夕食を作った。

③ He bought a new car. 彼は新車を買った。

④ She broke the world record. 彼女は世界記録を破った。

プラス

① like のように e で終わる規則動詞の過去形は、原形の後ろに -ed ではなく -d だけを加えて作ります。

③の bought は buy（買う）、④の broke は break（破る）の過去形です。

主語が3人称単数(he など)であっても、過去形には「3単現のs」はつきません。

STEP 26 一般動詞(過去形)―否定文

> # I didn't know the news.
> アイ ディドゥント ノウ ザ ニューズ
> (私はそのニュースを知らなかった)

解説

I didn't +一般動詞 ~. (私は~を…しなかった)

I know ~. を否定文にすると、I don't know ~. ですね。過去形の I knew ~. (私は~を知っていた)を否定文にすると、I didn't know ~. となります。didn't = did + not で、did は do の過去形です。didn't の後ろの動詞は常に原形を使います。

例文

① I didn't read the newspaper.　私は新聞を読まなかった。

② We didn't reserve a table.　私たちは席を予約しなかった。

③ Tom didn't do his homework.　トムは宿題をしなかった。

④ My brother didn't help me.　兄はぼくを手伝ってくれなかった。

プラス

③の do は「~をする」という意味の一般動詞です。たとえば I don't do sports. (私はスポーツをしない)の場合、don't の do は単なる記号なので、2つの do は違う単語と考えてください。

STEP 27 一般動詞(過去形)—疑問文

Did you see the movie?
ディッジュー スィー ザ ムーヴィー
(その映画を見たの?)

解説

Did you +一般動詞 ~？（あなたは~を…しましたか？）

一般動詞を使った過去形の疑問文は Did を最初に置き、後ろには〈主語＋動詞の原形〉を置きます。

答え方

Did you ~? に対しては、「はい(そうです)」は Yes, I did.、「いいえ、違います」は No, I didn't. と言います。主語は we、he、they などの場合もあります。

例文

① Did you meet him yesterday?「きのう彼に会ったの？」
   Yes, I did.「うん、会ったよ」

② Did you get tickets?「君たちは切符を買ったの？」
   Yes, we did.「ええ、買ったわ」

③ Did Maki win the match?「真紀は試合に勝ったの？」
   No, she didn't.「いいえ、負けました」

④ Did they join your club?「彼らは君のクラブに入ったの？」
   No, they didn't.「いや、入らなかったよ」

ドリル問題⑧ (STEP25 〜 27)

1 カッコ内に単語を入れて、英文を完成させてください。

① 私たちは一緒にテニスをしました。
( )( ) tennis together.

② その犬はチーズを食べなかった。
The dog ( )( ) the cheese.

③ 「新聞を読んだかい?」「うん、読んだよ」
( )( ) read the newspaper? — Yes, ( )( ).

④ 「和也は君を手伝ってくれたかい?」「いいや、手伝わなかった」
( ) Kazuya ( ) you? — No, ( )( ).

2 日本語を英訳してください。

① 父は新しいパソコンを買った。

② 私たちはその部屋を使わなかった。

③ 「宿題はしたの?」「うん、したよ」

④ 「部屋の掃除はしたの?」「いいや、しなかった」

答

1 ① We played ② didn't eat ③ Did you, I did
　　④ Did, help, he didn't

2 ① My father bought a new computer [PC].
　　② We didn't use the room.
　　③ Did you do your homework? — Yes, I did.
　　④ Did you clean your [the] room? — No, I didn't.

語句リスト 主な不規則動詞

主な不規則動詞のリストです。丸暗記しておきましょう。過去分詞については第10・11章で学習します。

意味	原形	過去形	過去分詞
～になる	become ビカム	became ビケイム	become ビカム
始まる	begin ビギン	began ビギャン	begun ビガン
こわす	break ブレイク	broke ブロウク	broken ブロウクン
持って来る	bring ブリング	brought ブロート	brought ブロート
買う	buy バイ	bought ボート	bought ボート
捕らえる	catch キャッチ	caught コート	caught コート
来る	come カム	came ケイム	come カム
切る	cut カット	cut カット	cut カット
する	do ドゥー	did ディッド	done ダン
飲む	drink ドゥリンク	drank ドゥランク	drunk ドゥランク
運転する	drive ドゥライヴ	drove ドゥロウヴ	driven ドゥリヴン
食べる	eat イート	ate エイト	eaten イートゥン
見つける	find ファインド	found ファウンド	found ファウンド
忘れる	forget ファゲット	forgot ファガット	forgot(ten) ファガット(ン)
手に入れる	get ゲット	got ガット	got ガット
行く	go ゴウ	went ウェント	gone ゴン
持っている	have ヘァヴ	had ヘァド	had ヘァド
聞こえる	hear ヒア	heard ハード	heard ハード
保つ	keep キープ	kept ケプト	kept ケプト
知っている	know ノウ	knew ニュー	known ノウン
出発する	leave リーヴ	left レフト	left レフト

語句リスト　主な不規則動詞

意味	原形	過去形	過去分詞
貸す	lend レンド	lent レント	lent レント
失う	lose ルーズ	lost ロスト	lost ロスト
作る	make メイク	made メイド	made メイド
会う	meet ミート	met メット	met メット
支払う	pay ペイ	paid ペイド	paid ペイド
読む	read リード	read レッド	read レッド
走る	run ラン	ran レァン	run ラン
言う	say セイ	said セッド	said セッド
見える	see スィー	saw ソー	seen スィーン
売る	sell セル	sold ソウルド	sold ソウルド
送る	send センド	sent セント	sent セント
歌う	sing スィング	sang セァング	sung サング
すわる	sit スィット	sat セァト	sat セァト
眠る	sleep スリープ	slept スレプト	slept スレプト
話す	speak スピーク	spoke スポウク	spoken スポウクン
過ごす	spend スペンド	spent スペント	spent スペント
立つ	stand スタンド	stood ストゥッド	stood ストゥッド
盗む	steal スティール	stole ストウル	stolen ストウルン
泳ぐ	swim スウィム	swam スワム	swum スワム
持って行く	take テイク	took トゥック	taken テイクン
教える	teach ティーチ	taught トート	taught トート
伝える	tell テル	told トウルド	told トウルド
思う	think シンク	thought ソート	thought ソート
勝つ	win ウィン	won ワン	won ワン
書く	write ライト	wrote ロウト	written リトゥン

第4章

前置詞

前置詞

第3章までに見てきた一般動詞を使った文は、すべて次の形をしていました。
① A +一般動詞+ B. =「A は B を〜する」
一方、英語には次のような文もあります。
② A +一般動詞+前置詞+ B. =「A は B に〜する」
　(例) I live in Yokohama.（私は横浜に住んでいます）

このように一般動詞の後ろに前置詞を入れると、その前置詞が「〜を」以外の意味を表します。この文では、in Yokohama が「横浜に」という場所を表しています。

このように前置詞は、場所・時などさまざまな意味を表すのに使います。意味は似ていても、動詞によって前置詞が必要なものと不要なものがある点に注意してください。

　(a) I heard the news.（私はその知らせを聞いた）
　(b) I listened to the CD.（私はその音楽を聞いた）

(a)の hear は「〜を聞く」。(b)は listen「耳を傾ける」+ to「〜に」です。このように、前置詞にはそれぞれ違った意味があります。たとえば in は「〜の中に」、from は「〜から」が主な意味です。

第4章 前置詞

STEP 28 一般動詞＋前置詞(1)

> # I go to high school.
> (アイ ゴウ トゥ ハイ スクール)
> (私は高校に通っています)

解説

前置詞が表す意味

I go high school. とは言えません。それだと「私は高校を行く」という変な意味になるからです。「～へ」を表す前置詞は to なので、I go to school. で「私は学校へ行く[通う]」となります。このように前置詞は、「～を」以外のさまざまな意味を表します。

例文

① He walks to work. 彼は歩いて仕事に行く[通勤している]。

② I jog in the park. 私は公園でジョギングする。

③ I walked from the station to the hotel. 私は駅からホテルまで歩いた。

④ They went into the room. 彼らは部屋に入った。

プラス

② in は「～の中で[へ]」。場所の1点を表すときは at the bookstore (本屋で)のように at を使います。

③ from A to B は「A から B まで」。④ into は「～の中へ」。「彼らは部屋から出て来た」は They came out of the room. と言います。

STEP 29 一般動詞＋前置詞(2)

I looked at my watch.
(私は時計を見た)

アイ ルックト アット マイ ワッチ

解説

〈動詞＋前置詞〉がひとまとまりの意味を表す

look at ～はもともと look（目を向ける）＋ at（～に）ですが、「look at ～＝～を見る」と覚えてもかまいません。このように、動詞と前置詞が結びついて「～を…する」などの意味になる場合があります。p.64 で取り上げた listen to ～（～を聞く）も同様です。

例文

① We waited for the bus.　私たちはバスを待った。

② I looked for my glasses.　私はめがねを探した。

③ I got on the wrong bus.　私は間違ったバスに乗った。

④ We arrived in London.　私たちはロンドンに着いた。

プラス

put off ～（～を延期する）、take out ～（～を取り出す）、put on ～（～を着る）なども、一種の慣用表現として覚えるとよいでしょう。なお、下線部の語は前置詞ではなく副詞です。副詞は、put on a shirt ＝ put a shirt on（シャツを着る）のように名詞の後ろにも置けます。

第4章 前置詞

ドリル問題⑨(STEP28 〜 29)

1 カッコ内に単語を入れて、英文を完成させてください。

① 私たちはそのきれいな絵を見た。
We looked (　) the beautiful picture.

② 彼は面接室へ入った。
He went (　) the interview room.

③ 私はセーターを着た。
I put (　) my sweater.

④ 私は今日ニューヨークに着きました。
I arrived (　) New York today.

2 日本語を英訳してください。

① 私は自分の乗るバスを探した。

② 私は友人たちを待った。

③ 私たちはホテルから海岸(beach)まで歩いた。

④ 兄は大学(university)に通っています。

答

1 ① at ② into ③ on ④ in

2 ① I looked for my bus. ② I waited for my friends.
③ We walked from the (our) hotel to the beach.
④ My brother goes to (the) university.

67

STEP 30 be 動詞＋場所

The key is on the table.
(カギはテーブルの上にあるよ)

解説

A is ＋場所を表す語句. (A は～にある[いる])

次の２つの文を比べてみましょう。
① She is my friend.(彼女は私の友だちです)
② She is in the kitchen.(彼女は台所にいます)

①の is は「A は B です」の「です」に当たる働きをします。一方②の is は「いる[ある]」という〈存在〉の意味を表します。be 動詞にはこのような２つの使い方があり、②タイプの文では後ろに〈場所〉を表す語句を置きます。

例文

① The hotel is on the hill.　そのホテルは丘の上にある。

② The toy was under the sofa.　おもちゃはソファの下にあった。

③ We are in Canada now.　私たちは今カナダにいます。

④ He wasn't in the office.　彼はオフィスにはいなかった。

プラス

場所を表す主な前置詞は、at (～ [ある場所]に)、in (～の中に)、on (～の上に)、under(～の下に)、near(～の近くに)などです。

第4章 前置詞

STEP 31 There + be 動詞―肯定文

There is a book on the desk.
(机の上に1冊の本がある)

ゼアリズ ア ブック オン ザ デスク

解説

There + be 動詞 + A + 場所を表す語句. (〜に A がある[いる])

there はもともと「そこに」の意味の副詞ですが、次の②のような使い方もします。このときは there を日本語には訳しません。

① The key is on the table.(そのカギはテーブルの上にある)
② There is a key on the table.(テーブルの上にカギがある)

①は、お互いがカギのことを知っている場合に使います。一方②は、カギのことを初めて話題に出す場合に使います。A が複数形の名詞なら There are 〜.、過去形は There was [were] 〜. となります。

例文

① There is a big fish in the tank. 水槽に大きな魚がいる。

② There are three schools in this city. この市には学校が3つある。

③ There are twenty members in this club. このクラブには20人の会員がいる。

④ There was a big earthquake in China. 中国で大きな地震があった。

STEP 32　There + be 動詞—否定文

> # There isn't a restroom on this floor.
> （この階にはトイレはありません）

解説

There + be 動詞 + not A ～.（～に A はない[いない]）

There is ～.（～がある）の形を否定文にするときは、is の後ろに not をつけて There isn't ～.（～はない）とします。be 動詞が are、was、were のときも同様です。

例文

① There isn't a convenience store near here.　この近くにコンビニはない。

② There wasn't a dog in the doghouse.　犬小屋に犬はいなかった。

③ There wasn't water in the pond.　池には水がなかった。

④ There are no girls in my club.　私のクラブに女子は 1 人もいない。

プラス

① near here は「この近くに」。around here とも言います。

④〈no + 名詞〉は「1 つ[1 人]も～ない」。〈no = not + any〉という言い換えができます。この文は There aren't any girls in my club. とも表現できます。

第4章 前置詞

STEP 33 There + be 動詞—疑問文

Is there a restaurant near here?
(この近くにレストランはありますか？)

イズ ゼア ラ レストラント ニア ヒア

解説

be 動詞 + there + A ～？（～に A がありますか？）

There is A .... の実質的な主語は A ですが、疑問文にするときは there を主語のように考えて、is(be 動詞)を前に出します。

答え方

答えるときも there を使い、「はい」は Yes, there is.、「いいえ」は No, there isn't. のように言います。be 動詞の形は質問の文に合わせます。

例文

① Is there a fire station in your town?「あなたの町には消防署がありますか？」 Yes, there is.「ええ、ありますよ」

② Are there young women in your office?「職場に若い女性はいますか？」 Yes, there are.「ええ、います」

③ Were there empty seats in the bus?「バスに空席がありましたか」 No, there weren't.「いいえ、ありませんでした」

④ Was there a guard near the gate?「門の近くに守衛がいたかい？」 No, there wasn't.「いや、いなかったよ」

71

ドリル問題⑩ (STEP30 〜 33)

1 カッコ内に単語を入れて、英文を完成させてください。

① 丘の上にホテルがある。
 ( ) ( ) a hotel ( ) the hill.

② 空港にはたくさんの人がいた。
 ( ) ( ) a lot of people at the airport.

③ この池の中には魚が1匹もいない。
 ( ) ( ) no fish ( ) this pond.

④ 「動物園にはゾウがいたの？」「うん、いたよ」
 ( ) ( ) an elephant in the zoo? — Yes, ( ) ( ).

2 日本語を英訳してください。

① 父は今大阪にいます。

② 君のバッグはあの机の上にあるよ。

③ 「この本は図書館にあったの？」「うん、そうだよ」

④ 「この近くに銀行(bank)がありますか？」「いいえ、ありません」

答

1 ① There is, on ② There were ③ There is, in
　④ Was there, there was

2 ① My father is in Osaka now. ② Your bag is on that desk.
　③ Was this book in the library? — Yes, it was.
　④ Is there a bank near here? — No, there isn't.

STEP 34 時を表す前置詞

I got up at six.
（私は6時に起きた）

アイ ガッタップ アット スィクス

解説

at、in、on の使い分け

これらの前置詞は〈場所〉も〈時〉も表しますが、at の基本的な意味は「1 点」。したがって時刻には at を使います。in は「～の中に」で、幅のある時間に使います。たとえば in summer（夏に）、in the afternoon（午後に）など。on は「特定の日[曜日]」に使います。

例文

① I went to bed at eleven. 私は 11 時に寝た。

② I play tennis on Sundays. 日曜日にはテニスをします。

③ I was born on March 5. 私は 3 月 5 日に生まれた。

④ My grandfather died in 2005. 祖父は 2005 年に亡くなった。

プラス

月日は「月＋日付」で表し、日付は「～番目」を表す数字で読みます。「3月5日」の読み方は、March fifth（または five）です。「9月21日」なら September twenty-first（または twenty-one）です。

年号は、1995 年なら nineteen ninety-five のように 2 けたずつ区切って読みます。2005 は twenty five または two thousand five です。

語句リスト 月・曜日・季節

月・曜日・季節のつづりを書いて覚えましょう。ヒントとして最初の文字を示しています。

①	1月	J		⑬	月曜日	M
②	2月	F		⑭	火曜日	T
③	3月	M		⑮	水曜日	W
④	4月	A		⑯	木曜日	T
⑤	5月	M		⑰	金曜日	F
⑥	6月	J		⑱	土曜日	S
⑦	7月	J		⑲	日曜日	S
⑧	8月	A		⑳	春	s
⑨	9月	S		㉑	夏	s
⑩	10月	O		㉒	秋	f
⑪	11月	N		㉓	冬	w
⑫	12月	D				

答

① ジャニュアリ January ② フェブュラリ February ③ マーチ March ④ エイプリル April ⑤ メイ May ⑥ ジューン June
⑦ ジュライ July ⑧ オーガスト August ⑨ セプテムバ September ⑩ アクトウバ October ⑪ ナヴェムバ November
⑫ ディセムバ December ⑬ マンデイ Monday ⑭ チューズデイ Tuesday ⑮ ウェンズデイ Wednesday ⑯ サーズデイ Thursday
⑰ フライデイ Friday ⑱ サタデイ Saturday ⑲ サンデイ Sunday ⑳ スプリング spring ㉑ サマー summer ㉒ フォール fall
㉓ ウィンタ winter

STEP 35 位置関係を表す前置詞

The bank is across the street.
（銀行は通りの向かいにあります）

解説

上下・前後を表す前置詞
- on ＝（接触して）〜の上に　・by[near] ＝〜のそば[近く]に
- over ＝（離れて）〜の上方に ↔ ・under ＝（離れて）〜の下に
- in front of ＝〜の前に ↔ ・behind ＝〜の後ろ[陰]に

その他の位置関係を表す前置詞
- across ＝〜を隔てた向かいに　・(a)round ＝〜のまわりに
- along ＝〜に沿って　・between A and B ＝ A と B の間に

例文

① There are trees around the pond. 池のまわりには木がある。

② There were many shops along the street. 通り沿いに多くの店があった。

③ The bookstore is in front of the station. その本屋は駅前にある。

④ The cat is behind the curtain. ネコはカーテンの陰にいる。

プラス

場所や位置関係を表す前置詞は、しばしば時を表すこともできます。たとえば「君とぼくの間に」は between you and I、「3 時から 5 時の間に」は between 3 and 5 です。

STEP 36 その他の前置詞

> # I sang karaoke with her.
> （ぼくは彼女といっしょにカラオケを歌った）

解説

さまざまな意味を表す前置詞
- about ＝～について
- against ＝～に(反)対して
- by ＝～によって
- for ＝～のために
- from ＝～から
- to ＝～へ → from A to B ＝ A から B へ
- of ＝～の
- through ＝～を通って
- with ＝～といっしょに
- without ＝～なしで

例文

① I come to work by bus. 私はバスで通勤しています。

② I have rice for breakfast. 朝食にはごはんを食べます。

③ I'm a member of the tennis club. 私はテニス部の部員です。

④ I'm from Osaka. 私は大阪の出身です。

プラス

② for breakfast は「朝食のために、朝食として」の意味。have には「～を食べる（eat）」の意味もあります。

④「私は～の出身だ」は、I'm from ～. または I come from ～. と言います。

ドリル問題⑪(STEP34 〜 36)

1 カッコ内に単語を入れて、英文を完成させてください。

① 壁にきれいな絵がかかっている。
（　　）（　　）a beautiful picture（　　）the wall.

② 私は犬を連れて湖のまわりを歩いた。
I walked（　　）the lake（　　）my dog.

③ 昼食にハンバーガーを2つ食べた。
I ate two hamburgers（　　）lunch.

④ 私たちはその計画について話した。
We talked（　　）the plan.

2 日本語を英訳してください。

① 父は6時に起きます。

② 私はこの学校の生徒です。

③ 私の母は東京の出身です。

④ 駅前には銀行が3つある。

答

1 ① There is, on　② around, with　③ for　④ about

2 ① My father gets up at six.　② I'm a student of [at] this school.
　③ My mother is from Tokyo.
　④ There are three banks in front of the station.

第5章
進行形と未来を表す形

進行形と未来を表す形

　英語には、時を表すいくつかの形があります。〈現在〉と〈過去〉を語る動詞の形は第1〜3章で学びました。この章では、〈進行形〉と〈未来を表す形〉をマスターしましょう。

　進行形は「〜している(ところだ)」という意味を表し、〈be 動詞＋〜 ing〉が基本形です。〈〜 ing〉とは、動詞の原形に -ing を加えた形です。
　① I clean my room every week.（私は毎週部屋を掃除する）
　② I am cleaning my room now.（私は今部屋を掃除している）
　①の現在形は〈習慣〉を表します。②は「今まさに〜しているところだ」という意味で、この形を現在進行形と言います。

　次に、〈未来〉を表す形を考えてみましょう。たとえば buy（買う）の過去形は bought（買った）ですが、英語の動詞には「未来形」はありません。その代わりに、未来の内容は主に次の形で表します。
　① will ＋動詞の原形
　② be going to ＋動詞の原形（be ＝ be 動詞）
　①と②は同じ意味ではありません。また、①②以外の形でも〈未来〉を表すことができます。現在形や過去形に比べると少し複雑なので、以下の説明をよく読んで理解するようにしてください。

STEP 37 現在進行形―肯定文

I'm making a Christmas cake.
アイム メイキング ア クリスマス ケイク
(クリスマスケーキを作っているところよ)

解説

I'm +〜 ing. (私は〜しているところだ)

〈動詞の原形+〜 ing.〉の形は、「動作が進行している」という意味を表します。これを be 動詞の現在形と組み合わせることによって、「今〜の動作を行っているところだ」という意味を表せます。

〜 ing 形の作り方

play → playing のように動詞の最後に ing を加えます。make のように e で終わる動詞は、e を取り除いて ing をつけます(making)。run → running のように最後の文字を重ねる場合もあります。

例文

① The baby is sleeping. 赤ん坊は眠っている。

② The students are taking a test. 生徒たちはテストを受けている。

③ I'm going to the hospital. 病院へ行くところです。

④ Someone is knocking on the door. 誰かがドアをノックしている。

プラス

④ someone は「誰か」。somebody とも言います。something は「何か」です。

STEP 38 現在進行形―否定文・疑問文

Are you listening to me?
アー ユー リスニング トゥ ミー
(私の話を聞いてる？)

解説

I'm not +～ing.（私は～していない）

現在進行形の否定文は、be 動詞の後ろに not を加えます。

Are you +～ing?（あなたは～していますか？）

現在進行形の疑問文は、be 動詞を前に出して作ります。Are you ～ ing? という問いに答えるときは、Yes, I am.（はい）、または No, I'm not.（いいえ）と言います。主語は問いの文に応じて we、he、it、they なども使います。

例文

① I'm not crying. 泣いてなんかいないよ。

② This elevator isn't working. このエレベーターは動いていない。

③ Are you enjoying the party?「パーティーを楽しんでる？」
   Yes, I am.「ええ、楽しいわ」

④ Is Hiroshi doing his homework?「浩は宿題をしているかい？」
   No, he isn't.「いいえ、していないわ」

プラス

①②のように、後ろに何も置かない動詞もあります。cry は「泣く」、work は「働く、正常に作動する」の意味です。

第5章 進行形と未来を表す形

STEP 39 過去進行形

I was watching TV then.
(ぼくはそのときテレビを見ていた)

解説

I was +～ ing.（私は～しているところだった）

現在進行形の be 動詞を過去形の was・were に変えると、「(過去のある時点で)～しているところだった」という意味になります。この形を「過去進行形」と言います。否定文や疑問文の作り方は、現在進行形の場合と同じです。

例文

① He was practicing golf. 彼はゴルフの練習をしていた。

② She wasn't wearing glasses. 彼女はめがねをかけていなかった。

③ Were you sleeping at 1 a.m.?「午前1時には眠っていたの？」
　Yes, I was.「ええ、眠っていたわ」

④ Was the phone ringing?「電話が鳴っていたかい？」
　No, it wasn't.「いいえ、鳴っていません」

プラス

③「午前」は a.m.、「午後」は p.m. を数字の後ろにつけて表します。「9時に」は at 9 (o'clock)、「午前9時に」は at 9 in the morning とも言います。

ドリル問題⑫ (STEP37 〜 39)

1 カッコ内に単語を入れて、英文を完成させてください。

① コンビニに行くところだよ。
( ) ( ) to the convenience store.

② そのとき私たちはテニスをしていた。
We ( ) ( ) tennis then.

③ 「ビリーは眠っていたかい？」「ええ、眠っていました」
( ) Billy ( )? — Yes, ( ) ( ).

④ その男の子は靴をはいていなかった。
The boy ( ) ( ) shoes.

2 日本語を英訳してください。

① 誰かが私たちを見ている。

② 私たちは7時には朝食を食べていた。

③ 「英語を勉強しているところなの？」「ええ、そうよ」

④ 「エレベーターは動いていたかい？」
「いいえ、動いていませんでした」

答

1 ① I'm going ② were playing ③ Was, sleeping, he was
④ wasn't wearing

2 ① Someone is looking at [watching] us.
② We were having [eating] breakfast at seven.
③ Are you studying English? — Yes, I am.
④ Was the elevator working? — No, it wasn't.

第 5 章　進行形と未来を表す形

STEP 40　will ─肯定文(1)

I'll call you later.
(後で電話するよ)

アイル　コール　ユー　レイタ

解説

I will ＋動詞の原形. (私は～するつもりだ)

will は〈未来〉を表すのに使う言葉です。I や we の後ろに〈will ＋ 動詞の原形〉を置くと、「～するつもりだ」という〈意志〉を表します。ただし、「自分の意志による動作を表す動詞」に限ります。I [we、he] will の短縮形は、I'll、we'll、he'll です。

例文

① I'll go to the concert. コンサートに行くつもりだ。

② We'll help you. 私たちが手伝いましょう。

③ I'll get up early tomorrow morning. 明日の朝は早起きします。

④ We'll go for a drive. 私たちはドライブに行くつもりだ。

プラス

will を使うべき場合に現在形を使ってしまう誤りがよく見られます。
　(a) I play tennis every Sunday.(私は毎週日曜日にテニスをします)
　(b) I'll play tennis next Sunday.(私は次の日曜日にテニスをします)
(a)は〈現在の習慣〉の意味なので現在形を使いますが、(b)は未来のことを語っているので will を使わなければなりません。

85

STEP 41　will ―肯定文(2)

> # I'll be busy next week.
> アイル　ビー　ビズィ　ネクスト　ウィーク
> (来週は忙しくなるだろう)

解説

I [we] will +動詞の原形. (私[私たち]は～だろう)

will には「～だろう」という意味もあります。これは本人の意志ではなく、未来に向けての〈予想〉を表す言い方です。I や we が主語の場合、この意味の will の後ろには〈自分の意志でコントロールできないことを表す動詞(be 動詞など)〉を置きます。上の文は「私は来週忙しくなるつもりだ」では意味が通じませんね。

〈I [we] 以外の主語+ will〉は「～だろう」の意味

たとえば He will come. は「彼は来るだろう」の意味であり、「彼は来るつもりだ」ではありません。

例文

① We'll be in time for the flight.　私たちは飛行機に間に合うだろう。

② You'll pass the test.　君はテストに合格するだろう。

③ They'll buy the land.　彼らはその土地を買うだろう。

④ Next year will be a good year.　来年はいい年になるだろう。

プラス

will は助動詞(→第 7 章)の一種なので、後ろには動詞の原形を置きます。また、「3 単現の s」はつきません(wills とはしません)。

第5章 進行形と未来を表す形

STEP 42　will—否定文

I won't change my mind.
アイ　ウォウント　チェインジ　マイ　マインド
（私は決心を変えません）

解説

will not ～ . （～しないつもりだ）

will を使った文を否定文にするには、will の後ろに not を置きます。will not の短縮形は won't です。

will not ～ . （～ではないだろう）

前の2つの STEP で見たとおり、will には「～するつもりだ」「～だろう」の2つの意味があります。後者を否定する形も可能です。

例文

① I won't break my promise.　約束を破るつもりはありません。

② We won't invite him to the party.　私たちは彼をパーティーに招待するつもりはない。

③ He won't pay the money.　彼はお金を払わないだろう。

④ The bus won't come on time.　バスは定刻には来ないだろう。

プラス

④ on time は「時間通りに」。on schedule（予定通りに）とも言います。STEP41 ①の in time (for ～)「～に間に合う」と混同しないように。

87

STEP 43　will―疑問文

> # Will it be sunny tomorrow?
> （明日は晴れるだろうか？）

解説

Will A ～ ?（A は～するだろうか？）

will を使った文を疑問文にするには、will を文の最初に置きます。

答え方

Yes, A will.（はい）、または No, A won't.（いいえ）で答えるのが基本です。

例文

① Will your wife agree?　君の奥さんは賛成するだろうか。

② Will he be absent?　彼は欠席するだろうか。

③ Will she win the contest?　「彼女はコンテストに優勝するかな？」
No, she won't.　「いいや、無理だろう」

④ Will you sell your car?　「車を売るつもりなの？」
Yes, I will.　「うん、そのつもりだよ」

プラス

④ Will you ～ ? は「あなたは～するつもりですか？」の意味です。ただし、この文は「車を売ってくれませんか」という〈依頼〉の意味にもなります。
（→ STEP87）

ドリル問題⑬ (STEP40 〜 43)

1 カッコ内に単語を入れて、英文を完成させてください。

① 私たちは今日の放課後カラオケに行くの。
　　(　　) (　　) to karaoke after school today.

② 君は飛行機の便に間に合わないだろう。
　　You (　　) (　　) in time for the flight.

③ 明日は雨が降るだろう。
　　(　　) (　　) rain tomorrow.

④ 彼は明日は忙しいだろうか。
　　(　　) he (　　) busy tomorrow?

2 日本語を英訳してください。

① ぼくはサッカー部に入るよ。

② 私たちは明日は仕事をしません。

③ 「彼は私たちの手伝いをしてくれそう？」
　「ええ、してくれるでしょう」

④ 「バスは定刻に来るだろうか？」「いや、来ないだろう」

答

1 ① We'll go　② won't be　③ It will　④ Will, be

2 ① I'll join the soccer club.　② We won't work tomorrow.
　　③ Will he help us? — Yes, he will.
　　④ Will the bus come on time? — No, it won't.

STEP 44　be going to —肯定文(1)

> # I'm going to marry her.
> アイム　ゴウイング　トゥ　メァリー　ハー
> (ぼくは彼女と結婚するつもりだ)

解説

be going to ＋動詞の原形 (〜する予定だ)

be going to はもともと「事態が〜の方へ進んでいる」という意味であり、「〜する予定[つもり]だ」という場合に使います。

will との違い

後ろに〈自分の意志による動作を表す動詞〉を置いた文の意味は、次のようになります。

	主語が I、we	主語が you	主語がそれ以外
will	〜するつもりだ	—	〜するだろう
be going to	〜する予定だ		

※ You will の後ろにこのタイプの動詞(marry など)を置くことはありません。ただし疑問文の Will you marry her? は可能です。

例文

① We're going to travel to Europe. 私たちはヨーロッパへ旅行に行きます。

② She's going to leave tomorrow. 彼女は明日出発する予定だ。

③ He is going to become a doctor. 彼は医者になるつもりだ。

④ I'm going to have a job interview tomorrow. 私は明日就職面接を受けます。

第5章　進行形と未来を表す形

STEP 45　be going to ―肯定文(2)

We're going to be late.
(私たちは遅れそうだわ)

解説

be going to ＋動詞の原形(〜しそうだ)

be going to の後ろに〈自分の意志でコントロールできないことを表す動詞(be 動詞など)〉を置くと、「〜しそうだ」の意味になります。

will との違い

後ろに上のタイプの動詞を置いた場合の意味は、次のようにまとめることができます。

	すべての主語
will	〜する[である]だろう
be going to	〜しそうだ

will が〈主観的な予想〉を表すのに対して、be going to は〈客観的な事実〉(事態が〜の方へ進んでいる)を表します。

例文

① I'm going to be sick. 気分が悪くなりそうだ。

② It's going to rain. 雨が降りそうだ。

③ I'm going to have a baby in October. 10月に出産予定です。

④ You're going to fail the exam. 君は試験に落ちそうだ。

STEP 46　be going to —否定文・疑問文

> # Are you going to change jobs?
> アー　ユー　ゴウイング　トゥ　チェインジ　ジャブズ
> （転職するつもりなの？）

解説

Are you going to ＋動詞の原形？(～する予定[つもり]ですか)

be going to を使った文を疑問文にする場合は、be 動詞を文の最初に置きます。

答え方

Are you going to ～？という問いに対しては、Yes, I am [we are]. (はい)、または No, I'm not [we aren't]. のように答えます。主語と be 動詞は質問に応じて変化させます。

例文

① Are you going to go to the concert?　あなたたちはコンサートに行くの？

② Is he going to take over his father's business?　彼はお父さんの事業を引き継ぐ予定なの？

③ Are you going to consult a lawyer?　「弁護士に相談するつもりなの？」　Yes, I am.　「そうだよ」

④ Is it going to be sunny in the afternoon?　「午後は晴れそうかい？」　No, it isn't.　「いや、晴れそうにないよ」

STEP 47 未来を表す現在進行形

I'm moving to a new apartment.
（新しいアパートに引っ越すんだ）

解説

現在進行形が〈予定〉を表す

現在進行形は「今～しているところだ」の意味で使うのがふつうですが、「これから～する予定だ」という〈未来〉の意味を表すこともあります。「未来に向かって段取りが今進行中だ」というニュアンスです。上の文は I'm going to move .... と言い換えてもほぼ同じ意味になります。

例文

① He is leaving Japan next week. 彼は来週日本を発ちます。

② The next bus is coming soon. 次のバスはもうすぐ来ます。

③ I'm not going to the year-end party. ぼくは忘年会には行かないよ。

④ Are all the members joining the event? 全会員がそのイベントに参加するの？

プラス

go、come、start、arrive などの〈往来・発着〉を表す動詞は、しばしばこの形で使います。

STEP 48 未来を表す現在形

We have a party on Friday.
ウィ ヘァヴ ア パーティー オン フライデイ
(私たちは金曜日にパーティーを開きます)

解説

現在形が〈予定〉を表す

カレンダーや時刻表などで決まっている〈未来の予定〉を表すときは、現在形を使います。上の文では We'll have .... と will を使うこともできますが、その場合は「開くつもりだ」という〈意志〉を表すことになります。「開くことが決定している」という場合は現在形を使ってかまいません。

例文

① The game starts at six. 試合は6時に始まります。

② The next bus comes at 3:30. 次のバスは3時半に来ます。

③ The festival takes place on March 5. お祭りは3月5日に行われる。

④ The manager comes back next Monday. 部長は来週の月曜日に戻ります。

プラス

たとえば①は、「始まる予定だ」の意味で The game is going to start .... や The game is starting .... を使うこともできます。

③ take place は「行われる」という意味です。

第5章 進行形と未来を表す形

ドリル問題⑭(STEP44 〜 48)

1 カッコ内に単語を入れて、英文を完成させてください。

① 私たちはこの夏にハワイへ行く予定なの。
We're ( ) ( ) go to Hawaii this summer.

② 「フランス語を勉強するつもりかい?」「ええ、そうよ」
( ) ( ) ( ) ( ) study French?
— Yes, ( ) ( ).

③ この電車はあと数分で名古屋に到着します。
We're ( ) in Nagoya in a few minutes.

④ 会議は午後2時に始まります。
The meeting ( ) at 2 p.m.

2 [ ]内の語を使って日本語を英訳してください。

① 私たちは博多へ引っ越す予定です。 [going]

② 明日は晴れそうだ。 [It's]

③ 「この車を売るつもりかい?」「うん、そうだよ」 [going]

④ おばが来週私の家に来ます。 [coming]

答

1 ① going to ② Are you going to, I am ③ arriving ④ starts

2 ① We're going to move to Hakata.
② It's going to be fine [sunny] tomorrow.
③ Are you going to sell this car? — Yes, I am.
④ My aunt is coming to my house next week.

第6章

疑問詞

疑問詞

英語の疑問文には、次の 2 種類があります。
① Yes か No かで答える疑問文(例：Are you a student?)
②具体的な内容で答える疑問文(例：What's your name?)
②のタイプの疑問文は、「何」「誰」「どこ」などの意味を持つ語(疑問詞)を文の先頭に置いて作ります。

疑問詞は、次の 2 種類に大別できます。
(A) 〈疑問詞＋V＋S〉または〈疑問詞＋V〉の形で使うもの
　　what(何)、who(誰)、which(どちら[どれ])など
(B) 常に〈疑問詞＋V＋S〉の形で使うもの
　　where(どこで)、when(いつ)、why(なぜ)など

疑問詞を使った文は疑問文なので、原則として後ろは〈V＋S〉の形になります。
* Who is he? (彼は誰ですか？)
　　　V　S

しかし、(A)のグループの疑問詞は次のようにも使います。
* Who came? (誰が来たのですか？)
　　S　　V

この文では who ＝ S (主語)なので、後ろにはそのまま V を置きます。この章では、疑問詞の使い方を 1 つずつ学んでいきましょう。

第6章 疑問詞

STEP 49 what (1)

What's your blood type?
(あなたの血液型は何ですか？)

(ワッツ ユア ブラッド タイプ)

解説

What is A? (A は何ですか？)

what は「何」という意味の疑問詞です。A が複数形なら be 動詞は are を使います。what is の短縮形は what's です。

答え方

What is A? という問いへの形式的な答え方は It's 〜. ですが、実際にはたとえば What's your name? (名前は何ですか？)に対しては My name is 〜. や I'm 〜. で答えるのが自然です。

例文

① What's your star sign? あなたは何座の生まれですか？

② What are your hobbies? あなたの趣味は何ですか？

③ What's this cat's name? このネコの名前は何ですか？

④ What are your favorite sports?「あなたの好きなスポーツは何ですか？」
I like baseball and tennis.「野球とテニスが好きです」

プラス

②の hobby や④の sport が複数形になっているのは、趣味や好きなスポーツが 2 つ以上あるかもしれないからです。

STEP 50 what (2)

> # What time is it now?
> ワッタイム　イズ イット　ナウ
> (今何時ですか？)

解説

What ＋名詞 is A?（A は何の［どんな］○○ですか？）

what は名詞の前に置いて「何の［どんな］」の意味を表すこともできます。

答え方

〈what ＋名詞〉を it や they で言い換えます。上の文には It's ten.（10 時です）のように答えます。

例文

① What day is today?　今日は何曜日ですか？

② What size are you?　あなたは何サイズですか？

③ What number is your seat?　あなたの席は何番ですか？

④ What floor is the toy department on?　「おもちゃ売り場は何階にありますか？」
(It's on) the seventh (floor).　「7 階です」

プラス

④は、答えの文の the seventh floor を what floor で置き換えた疑問文です。文の最後に on が必要な点に注意してください。

第6章 疑問詞

STEP 51 what (3)

What are you eating?
（何を食べているの？）

ワッター　ユー　イーティング

解説

What ~ A +動詞？（A は何を～するのですか？）

〈A +動詞＋ B〉(A は B を～する)の形の文をもとにして、B を what (+名詞)でたずねることができます。上の文は、I'm eating <u>chewing gum</u>. (チューインガムを食べている)のような文の下線部をたずねる形です。

例文

① What do you do?「お仕事は何ですか？」
　I'm a computer engineer.「コンピュータ技師です」

② What are you doing?「何をしているの？」
　I'm making a pizza.「ピザを作っているの」

③ What is she looking for? 彼女は何を探しているの？

④ What sports do you like? どんなスポーツが好き？

プラス

①と②の意味の違いに注意してください。①の現在形は〈習慣〉を表し、What's your job? (あなたの仕事は何ですか？)と同じ意味です。②の現在進行形は、「今(まさに)している動作」をたずねています。

101

ドリル問題⑮ (STEP49～51)

1 カッコ内に単語を入れて、英文を完成させてください。

① 今日は何日ですか？
( ) the date today?

② このケーキの材料は何ですか？
( ) ( ) the ingredients of this cake?

③ 君のお父さんの仕事は何？
( ) ( ) your father ( )?

④ どの国々を訪ねる予定なの？
( ) ( ) ( ) you going to visit?

2 日本語を英訳してください。

① 女の子たちは何を作っているの？

② 君の電話番号は何番だい？

③ 君はどんな動物が好きなの？

④ 彼はパーティーに何を持って来るだろうか？

答

1 ① What's ② What are ③ What does, do ④ What countries are

2 ① What are the girls making?
② What's your (tele)phone number?
③ What animals do you like? [What are your favorite animals?]
④ What will he bring to the party?

語句リスト 数字の表し方

数詞（数字を表す語）には、次の3種類があります。

	基数詞	序数詞	倍数詞
1	one	first	once
2	two	second	twice
3	three	third	three times
4	four	fourth	four times
5	five	fifth	five times
6	six	sixth	six times
7	seven	seventh	seven times
8	eight	eighth	eight times
9	nine	ninth	nine times
10	ten	tenth	ten times
11	eleven	eleventh	eleven times
12	twelve	twelveth	twelve times
20	twenty	twentieth	twenty times
50	fifty	fiftieth	fifty times
100	a hundred	hundredth	hundred times
200	two hundred	two hundredth	two hundred times
1,000	a thousand	thousandth	thousand times
10,000	ten thousand	ten thousandth	ten thousand times

基数詞は「1つ、2つ」と数えるときに使います。序数詞は「～番目」、倍数詞は「～倍[回]」の意味を表します。

STEP 52 who (1)

Who is that man?
（あの男の人は誰ですか？）

フー イズ ザット メァン

解説

Who is A?（A は誰ですか？）

who は「誰」という意味の疑問詞です。A が複数形なら be 動詞は are を使います。who is の短縮形は who's です。

答え方

who は人の名前や相手との関係をたずねるのに使います。上の疑問文に対しては、He is Mr. Morita.（彼は森田氏です）、He is my boss.（彼は私の上司です）などと答えます。

例文

① Who are you?　君は誰だ？

② Who's the chief of your section?　あなたの課の長は誰ですか？

③ Who was your teacher last year?　去年君の先生は誰だったの？

④ Who was at the party?　誰がパーティーにいたの？

プラス

①の Who are you? は尋問口調なので、日常会話には使いません。What's your name? も初対面の相手には失礼です。相手の名前をたずねるときは、May I ask [have] your name, please? が無難な言い方です。(→ STEP74)

第6章 疑問詞

STEP 53 who (2)

> # Who helped you?
> (誰が君を手伝ってくれたの？)

解説

Who ＋動詞 ～ ?（誰が～するのか？）

who を文の主語として使い、その後ろに動詞を置くと「誰が～するのか？」という意味の文になります。

答え方

上の問いへの答えは、たとえば Tom helped me. になります。下線部は問いの文と同じ形なので、くり返しを避けるために did で置き換え、Tom did. のように答えることができます。

例文

① Who said so? 誰がそう言ったの？

② Who won the election? 誰が選挙に当選したの？

③ Who cleans this room?「誰がこの部屋を掃除しているの？」
I do.「私です」

④ Who is going to pay for the meal?「誰が食事代を払うの？」
The boss is.「社長だよ」

プラス

④は The boss is (going to pay). のカッコ内を省略した形です。

105

STEP 54 who (3)

Who did you meet there?
（そこで誰に会ったの？）

フー ディッジュー ミート ゼア

解説

Who ～ A ＋動詞？（A は誰を～するのですか？）

〈A ＋動詞＋ B〉(A は B を～する)の形の文をもとにして、B が人の場合は who でたずねます。上の文は、I met Naoko.（直子に会った）のような文の下線部をたずねる形です。

例文

① Who are you going to invite? 誰を招待するつもりなの？

② Who are you waiting for? 誰を待っているの？

③ Who did she go out with? 彼女は誰とデートしたの？

④ Who did you go to the movies with?「誰と映画に行ったの？」
(I went) with Takeshi.「武志くんよ」

プラス

③ go out with ～は「～といっしょに外出する→～とデートする」の意味です。

たとえば④は I went to the movies with Takeshi. の下線部をたずねる疑問文なので、文の最後に with が必要です。

第6章 疑問詞

STEP 55 whose

> # Whose umbrella is this?
> フーズ　アムブレラ　イズ　ディス
> （これは誰の傘なの？）

解説

Whose ＋名詞 ～？（誰の○○～？）

whose は who の所有格で、「誰の」の意味です。ふつうは後ろに名詞を置いて「誰の○○」という形にします。

例文

① Whose dictionary is that?「あれは誰の辞書なの？」
　It's mine.「ぼくのだよ」

② Whose novels do you like?「誰の小説が好きなの？」
　(I like) Haruki Murakami's (novels).「村上春樹よ」

③ Whose bike did you borrow?「誰の自転車を借りたの？」
　(I borrowed) Kenta's (bike).「健太のだよ」

④ Whose picture got the prize?「誰の絵が賞を取ったの？」
　Miharu's (picture) did.「美晴の絵よ」

プラス

① mine は「私のもの」の意味で、ここでは my dictionary の意味です。yours（君[たち]のもの）、his（彼のもの）、hers（彼女のもの）、ours（私たちのもの）なども合わせて覚えておきましょう。

ドリル問題⑯(STEP52〜55)

1 カッコ内に単語を入れて、英文を完成させてください。

① 君のチームのキャプテンは誰なの？
( ) ( ) the captain of your team?

② これは誰の辞書ですか？
( ) dictionary ( ) ( )?

③ 誰と一緒にテニスをしたの？
( ) ( ) you play tennis ( )?

④ 「誰が私のケーキを食べたの？」「ぼくだよ」
( ) ( ) my cake? — ( ) ( ).

2 日本語を英訳してください。

① 「誰が君と一緒にいたの？」「トムよ」

② 「彼は誰の車を使う予定なの？」「ぼくのだよ」

③ 「誰がこのスープ(soup)を作ったの？」「姉です」

④ 「誰を探しているの？」「麻衣よ」

答

1 ① Who is ② Whose, is this ③ Who did, with ④ Who ate, I did

2 ① Who was with you? — Tom was.
② Whose car is he going to use? — (He's going to use) mine.
③ Who made this soup? — My sister did.
④ Who are you looking for? — (I'm looking for) Mai.

第6章 疑問詞

STEP 56 which (1)

Which is your car?
(どっち[どれ]が君の車なの？)

ウィッチ イズ ユア カー

解説

Which is A? (A はどちら[どれ]ですか？)

which は、2 つ以上のもののうちで「どちらですか？」「どれですか？」とたずねる場合に使う疑問詞です。物にも人にも使うことができます。

答え方

上の問いに対しては、たとえば That red one (is). (あの赤いのよ)のように答えます。one は何を指すかがお互いにわかっているときに使う代名詞で、この場合は one = car です。

例文

① Which is our table? どれが私たちの席ですか？

② Which is the correct answer? どちらが正しい答えですか？

③ Which is your office?「どれがあなたのオフィスですか？」
That building near the park.「公園の近くのあのビルです」

④ Which is your sister in this photo?「この写真の中のどれが君のお姉さんなの？」
The third one from the right.「右から 3 番目よ」

109

STEP 57 which (2)

> # Which car is yours?
> ウィッチ カー イズ ユアズ
> (どっちの[どの]車が君のなの?)

解説

Which +名詞 is ~? (どちらの[どの]○○が~ですか?)
which は名詞の前に置いて「どちらの[どの]」の意味を表すこともできます。

例文

① Which movie is exciting? どの映画が面白いですか?

② Which plan is better? どちらの案の方がいいですか?

③ Which day is convenient for you?「君は何曜日なら都合がいいの?」 Thursday is fine.「木曜日ならいいよ」

④ Which floor is your office on?「あなたのオフィスはどの階にありますか?」 (It's) on the 25th (floor).「25階です」

プラス

which は限られたもののうちで「どれ[どの~]」とたずねる場合に使います。what はばくぜんと「何(の)」という意味を表します。④は What floor ~. でも実質的に同じ意味になります。

④ 25th は twenty-fifth と読みます。

110

第6章 疑問詞

STEP 58　which (3)

> # Which colors do you like?
> ウィッチ　カラーズ　ドゥ　ユー　ライク
> (どの色が好き？)

解説

Which(+名詞) ～ A +動詞？(A はどれ[どの○○]を～するのですか？)

〈A +動詞+ B〉(A は B を～する)の形の文をもとにして、B を which でたずねることができます。上の文には、I like red and pink.(赤とピンクよ)のように答えます。

例文

① Which restaurant do you recommend?　どのレストランがお勧めですか？

② Which course are you going to take?　どのコースを選択するつもりですか？

③ Which tie do you want?　「どっちのネクタイがほしい？」
(I want) the blue one.　「青い方だね」

④ Which horse will win the race?　どの馬がレースに勝つだろうか。

プラス

④は Which horse が主語になる形です。

111

ドリル問題⑰ (STEP56 ～ 58)

1 カッコ内に単語を入れて、英文を完成させてください。

① どれが君の靴なの？
( )( ) your shoes?

② どの靴が君のなの？
( ) shoes are ( )?

③ 彼女はどのパソコンを使っていますか？
( )( )( ) she use?

④ 「どれが君の先生なの？」「左から2番目の女の人だよ」
( )( ) your teacher? — The ( ) woman ( ) the left.

2 日本語を英訳してください。

① 君はどっちの辞書を買ったの？

② どれが君のおじさんの家なの？

③ 君たちはどのレストランへ行ったの？

④ どの本が面白かった？

答

1 ① Which are ② Which, yours ③ Which computer [PC] does
 ④ Which is, second, from

2 ① Which dictionary did you buy?
 ② Which is your uncle's house?
 ③ Which restaurant did you go to?
 ④ Which book was interesting?

第6章 疑問詞

STEP 59 where (1)

Where is the reception desk?
(受付はどこにありますか？)

解説

Where is A? (A はどこにあります[います]か？)

where は「どこ」の意味で、場所をたずねる場合に使います。答えるときは場所を示します。上の文には、(It's) over there.(向こうです)のように答えます。be 動詞は A に応じて適当に変化させます。

例文

① Where am I?「ここはどこですか？」
　You're here on the map.「地図のここです」

② Where were you?「君たちはどこにいたの？」
　(We were) in the cafeteria.「カフェテリアだよ」

③ Where is the parking lot?「駐車場はどこにありますか？」
　It's behind that building.「あの建物の裏です」

④ Where are you from?「どちらのご出身ですか？」
　I'm from California.「カリフォルニアです」

プラス

①道に迷ったときの言い方。「私はどこにいますか？」と表現します。

④ Where do you come from? とも言います。

113

STEP 60　where (2)

> # Where do you live?
> （あなたはどこに住んでいるの？）

解説

Where ～ A ＋動詞？（A はどこで～するのですか？）

where を be 動詞以外の動詞と組み合わせて使うこともできます。
上の文は、I live <u>in Yokohama</u>. のような文の下線部をたずねる形です。

例文

① Where do you work?「どちらにお勤めですか？」
　I work for a publisher in Kanda.「神田の出版社です」

② Where are you going?「どこへ行くところなの？」
　(I'm going) to the post office.「郵便局よ」

③ Where did you find this key?「このカギをどこで見つけたの？」
　(I found it) in the car.「車の中だよ」

④ Where can I get a pamphlet?「パンフレットはどこでもらえるの？」
　(You can get one) at that counter.「あのカウンターよ」

プラス

④ one は a pamphlet を指す代名詞です。

STEP 61　when（1）

When is your birthday?
(あなたの誕生日はいつ？)

ウェン　イズ　ユア　バースデイ

解説

When is A?（A はいつですか？）

when は「いつ」の意味で、時をたずねる場合に使います。答えるときは時を示します。上の文には、(It's) July 10.（7 月 10 日です）、または I was born on July 10.（7 月 10 日に生まれました）と答えます。

例文

① When is the deadline?「締め切りはいつですか？」
　(It's) Friday.「金曜日です」

② When is checkout time?「チェックアウトの時刻はいつですか？」
　(It's) 11 a.m.「午前 11 時です」

③ When is the next bus?「次のバスはいつですか？」
　It will come in ten minutes.「10 分後に来ます」

④ When is your baby due?「ご出産の予定日はいつですか？」
　On October 3.「10 月 3 日です」

プラス

③「今から～後に」は in で表します。

④ due は「到着[出産]する予定になっている」の意味の形容詞です。

115

STEP 62 when (2)

When did you come?
(いつ来たの？)

解説

When ~ A +動詞？(A はいつ~するのですか？)

when を be 動詞以外の動詞と組み合わせて使うこともできます。
上の文は、I came <u>ten minutes ago</u>. (10 分前に来た)のような文
の下線部をたずねる形です。

例文

① When does this train leave?「この電車はいつ出ますか？」
   (It leaves) at 8:20.「8 時 20 分です」

② When are you moving?「いつ引っ越すの？」
   (I'm moving) this weekend.「この週末よ」

③ When did you graduate from university?「いつ大学を卒業しましたか？」
   (I graduated) in 2008.「2008 年です」

④ When did you go to Hawaii?「いつハワイへ行ったの？」
   (I went there) when I was a child.「子どもの頃だよ」

プラス

④答えの文の when は「…するとき」の意味の接続詞です。(→ STEP158)

116

第6章 疑問詞

STEP 63 why

Why are you so angry?
ワイ アー ユー ソウ エァングリー
(なぜそんなに怒っているの?)

解説

Why ~? (なぜ~?)

why は「なぜ」の意味で、理由をたずねる場合に使います。後ろには疑問文の形を置きます。話し言葉では、単に Why? (なぜなの?)と言うこともよくあります。

答え方

Why で始まる疑問文には、理由を答えます。上の問いには、たとえば Because Bill broke his promise. (ビルが約束を破ったからだ)のように答えます。Because は省略してもかまいません。

例文

① Why did you skip the meeting? なぜ会議をさぼったんだ?

② Why are you going to quit your job? なぜ仕事をやめるつもりなの?

③ Why did they break up? 彼らはなぜ別れたの?

④ Why were you late? 「なぜ遅れたの?」
(Because) the bus didn't come on time. 「バスが定刻に来なかったんだ」

117

ドリル問題⑱(STEP59〜63)

1 カッコ内に単語を入れて、英文を完成させてください。

① あなたはいつ生まれましたか？
(　)(　)(　) born?

② 子どもたちはどこにいるの？
(　)(　) the kids?

③ 彼はなぜこの本をほしがっているのですか？
(　)(　) he want this book?

④ このチケットをどこで手に入れたの？
(　)(　)(　) get this ticket?

2 日本語を英訳してください。

① その歌手はどこの出身ですか？

② いつ彼女に会ったの？

③ あの女の子はなぜ泣いているの？

④ あなたのお母さんの誕生日はいつですか？

答

1 ① When were you　② Where are　③ Why does　④ Where did you

2 ① Where is the singer from?　② When did you see [meet] her?
③ Why is that girl crying?　④ When is your mother's birthday?

第 6 章 疑問詞

STEP 64 how (1)

How was your honeymoon?
(新婚旅行はどうだった？)

解説

How is A? (A はどんな様子[具合]ですか？)

how にはいくつかの意味がありますが、〈How + be 動詞〉で始まる文は人の健康状態や物の様子などをたずねるのに使います。How are you?(ごきげんいかがですか)の how もこの意味です。

例文

① How was your new class?「新しいクラスはどうだった？」
I liked it.「気に入ったよ」

② How's your cold?「風邪のぐあいはいかがですか？」
Now I'm fine.「もう元気です」

③ How's your family?「ご家族はお元気ですか？」
We're all well.「みんな元気です」

④ How will the weather be tomorrow?「明日の天気はどうだろうか」
It will be rainy.「雨が降りそうよ」

プラス

この意味の文は、What is A like? (A はどのようなものですか？)という形で言い換えられます。たとえば①は What was your new class like? とも言えます。

STEP 65 how (2)

> # How did you get the ticket?
> (どうやってチケットを手に入れたの？)
>
> ハウ　ディッジュー　ゲット　ザ　ティキット

解説

How ～ A ＋動詞？（A はどのようにして~するのですか？）

how には「どのようにして、どんな方法で」という意味もあります。この意味の how で始まる問いには、方法を答えます。上の文に対しては、I got it on the Internet. (インターネットで買ったんだ)のような答えが考えられます。

例文

① How did you come here?「どうやってここへ来たの？」
 (I came) by taxi.「タクシーで来たよ」

② How can I lose weight?「どうすれば減量できますか？」
 Don't eat between meals.「間食してはいけません」

③ How did you study English?「どうやって英語を勉強したのですか？」
 I saw a lot of American movies.「アメリカ映画をたくさん見ました」

④ How are you going to persuade him?「どうやって彼を説得するつもりだい？」
 I'll ask his wife.「奥さんに頼んでみるよ」

第6章 疑問詞

STEP 66 how (3)

> # How large is your apartment?
> (君のアパートはどのくらいの広さなの？)

解説

How +形容詞 is A? (A はどのくらい〜ですか？)

how が形容詞と結びつくと、「どのくらい」の意味を表します。
STEP64 〜 66 の意味をまとめてみましょう。

- How + be 動詞 〜 ? = どんな様子ですか？　〈状態〉
- How + 一般動詞 〜 ? = どんな方法で〜しますか？　〈方法〉
- How +形容詞 〜 ? = どのくらい〜ですか？　〈程度〉

例文

① How tall are you?「あなたの身長はどれくらいですか？」
   About 170 centimeters.「約 170cm です」

② How old is your father?「お父さんは何歳ですか？」
   He's 45 (years old).「45 歳です」

③ How long is your summer vacation?「あなたの夏休みはどのくらいの長さですか？」
   (It's) two weeks.「2 週間です」

④ How deep was the snow?「雪はどのくらい積もっていたの？」
   (It was) about 20 centimeters (deep).「約 20 センチだったよ」

STEP 67 how (4)

How fast does this car go?
（この車はどのくらいの速さで走りますか？）

解説

How +副詞 ～ A +動詞？（A はどのくらい…に～しますか？）

〈程度〉を表す how の後ろには、副詞を置くこともできます。上の文は This car goes at 160 kph. (この車は時速 160 キロで走る) のような文の下線部をたずねる形です (kph = kilometers per hour)。

例文

① How late do you stay open?「おたくの店は何時まで営業していますか？」
Until 11 (o'clock).「11 時までです」

② How soon does the game start?「試合はあとどのくらいで始まりますか？」
In 15 minutes.「15 分後です」

③ How often do the buses run?「バスはどのくらいの間隔で走っていますか？」
Every 20 minutes.「20 分おきです」

④ How long are you going to stay in Japan?「日本にはどのくらい滞在する予定ですか？」
For a week.「1 週間です」

STEP 68 how (5)

> # How many people joined the party?
> (パーティーには何人参加しましたか?)

解説

How many +名詞 ~?（いくつの○○~?）

how many は「どのくらいの数、いくつ」で、数をたずねる言い方です。how much は「どのくらいの量[金額]」の意味になります。答えの文には数字が入ります。

例文

① How many books did you rent?「本を何冊(レンタルで)借りたの?」 (I rented) ten (books).「10冊だよ」

② How many members were absent?「何人のメンバーが欠席したのですか?」 None. All the members came.「1人も。全員来ました」

③ How much was this bag?「このバッグはいくらだったの?」 (It was) 8,000 yen.「8,000円だったわ」

④ How much (beer) did he drink?「彼はどのくらい(のビールを)飲んだの?」 Five mugs (of beer).「ジョッキ5杯(のビールだよ)」

プラス

② none は「1人も~ない」の意味。None were absent. とも言えます。

STEP 69 how (6)

How about Italian food?
(イタリア料理はどう？)

解説

How about ～?（～はどうですか？）
相手の意向をたずねるのに使う決まり文句です。What about ～? とも言います。

How about ～ ing?（～するのはどうですか？）
about の後ろに〈動詞の原形＋ ing〉を置くこともできます。

例文

① How about a drink?「一杯やらないか？」
　Sorry, I have a cold.「ごめん、風邪をひいているんだ」

② How about a romantic movie?「ロマンス映画はどう？」
　I like action movies.「ぼくはアクション映画が好きなんだ」

③ I'm busy on Friday.「金曜日は忙しいんだ」
　How about Thursday, then?「じゃあ、木曜日はどう？」

④ How about going to karaoke?「カラオケに行くのはどう？」
　Sounds good.「いいね」

プラス

How about this? (これならどうですか？) や How about you? (あなた[の方]はどうですか？) は、会話でよく使う決まり文句です。

第6章 疑問詞

ドリル問題⑲(STEP64 ～ 69)

1 カッコ内に単語を入れて、英文を完成させてください。

① 北海道への旅行はどうでしたか？
( ) ( ) your trip to Hokkaido?

② 「電車はあとどれくらいで出ますか？」「5 分後です」
( ) ( ) does the train leave? — ( ) five minutes.

③ 結婚披露宴には何人招待したの？
( ) ( ) ( ) did you invite to the wedding reception?

④ 夕食にパスタはどう？
( ) ( ) pasta for supper?

2 日本語を英訳してください。

① あなたのおじいさんはおいくつですか？

② この指輪(ring)はいくらだったの？

③ 「お父さんの具合はどうですか？」「元気です」

④ 放課後テニスをするのはどう？

答

1 ① How was ② How soon, In ③ How many people
 ④ How about

2 ① How old is your grandfather? ② How much was this ring?
 ③ How's your father? — He's well.
 ④ How about playing tennis after school?

第7章

助動詞

助動詞

　助動詞は「動詞を助ける言葉」です。助動詞の基本的な働きは、動詞に〈主観的な判断〉を加えることです。

　第 5 章で学習した will も、助動詞の一種です。
- It will rain tomorrow.（明日は雨が降るだろう）

　この文では、will が「～するだろう」という未来に向けての予想[推量]を表しています。

　主な助動詞の原形と過去形をまとめると、次のようになります。

原形	will	can	may	must	shall
過去形	would	could	might	—	should

※ must には過去形はありません。

　ただし、動詞の過去形と違って、助動詞の過去形は〈過去〉の意味を表すとは限りません。原形と過去形は別の単語だと考えてください。原形の主な意味をまとめると、次のようになります。

- will 　「～だろう」「～するつもりだ」（→第 5 章）
- can 　「～することができる」「～してもよい」
- may 　「～してもよい」「～かもしれない」
- must 　「～しなければならない」「～に違いない」
- shall 　「～しましょうか」（Shall I [we] ～ ? の形で使う）

　この章では、これらの基本的な助動詞の使い方を 1 つずつ学んでいきます。

第7章　助動詞

STEP 70　can —肯定文

> # She can speak Korean.
> シー　キャン　スピーク　コリーアン
> （彼女は韓国語を話せる）

解説

A ＋ can ＋動詞の原形.（A は〜することができる）

can は「〜することができる」の意味を表す助動詞で、後ろには動詞の原形を置きます。

例文

① He can fix a flat tire.　彼はパンクを直せる。

② I can sing all her songs.　彼女の曲は全部歌えるわ。

③ I can peel an apple with a knife.　ぼくはリンゴの皮をナイフでむけるよ。

④ I can help you now.　今なら手伝えます。

プラス

① flat tire は「平らな[ぺちゃんこの]タイヤ→パンク」の意味です。単に flat とも言い、I got a flat. と言えば「車がパンクした」の意味になります。

④ can は「〜する能力がある」の意味だけでなく、「（一時的に）〜できる状態だ」の意味でも使えます。

129

STEP 71 can —否定文(1)

I can't solve this puzzle.
(このパズルが解けない)

アイ キャント サルヴ ディス パズル

解説

A + can't +動詞の原形. (A は~することができない)

助動詞を含む文を否定するときは、助動詞の後ろに not を置きます。can + not は can't または cannot。can not と 2 語に分けて書くことはまれです。

例文

① She can't eat raw meat. 彼女は生肉を食べられない。

② I can't wait. 待ち遠しくてたまらない。

③ We can't contact the manager. 私たちは部長と連絡が取れない。

④ I can't connect my computer to the Internet. パソコンをインターネットに接続できないんだ。

プラス

② I can't wait. の直訳は「私は待つことができない」ですが、楽しみなことを待ちわびる場合に使う表現です。

STEP 72　can —疑問文(1)

Can you sing this song?
(この曲を歌える？)

キャニュー　スィング　ディス　ソング

解説

Can + A +動詞の原形〜?(A は〜することができますか？)
助動詞を含む文の疑問文は、助動詞を文の最初に出します。

答え方

助動詞を含む疑問文には、助動詞を使って答えます。Can you 〜?(あなたは〜することができますか？)という問いの答えは、Yes, I can. (はい、できます)、または No, I can't. (いいえ、できません)と言います。

例文

① Can you see that tower?　あの塔が見える？

② Can you make an apple pie?　アップルパイを作れる？

③ Can you come at six tomorrow?「明日 6 時に来られる？」
　Yes, I can.「うん、来られるよ」

④ Can he use this software?「彼はこのソフトを使えるの？」
　No, he can't.「いいえ、使えないわ」

STEP 73　can —疑問文(2)

Can I park here?
(ここに駐車してもいいですか？)

解説

Can I ～？(～してもいいですか？)

can には「～してもよい」という意味もあります。否定文(can't)にすると「～してはいけない」の意味になります。can は主語の違いに応じて次のように使い分けましょう。

	主語が I	主語が you
肯定文	I can ～. (私は～できる)	You can ～. (～してもよろしい)
否定文	I can't ～. (私は～できない)	You can't ～. (～してはいけない)
疑問文	Can I ～? (～してもいいですか？)	Can you ～? (～できますか？)

例文

① Can I watch TV? テレビを見てもいい？

② Can I take notes? メモを取ってもいいですか？

③ Can we take a picture here?「ここで写真を撮ってもいいですか？」
　No, you can't.「いいえ、いけません」

④ Can I use the bathroom?「トイレを使ってもいいですか？」
　Yes, please.「ええ、どうぞ」

第7章 助動詞

STEP 74 may (1)

May I have your name, please?
(お名前をうかがってもいいですか？)

メイ アイ ヘァヴ ユア ネイム プリーズ

解説

May I ＋動詞の原形〜？（〜してもいいですか？）

may は「〜してもよい」という意味の助動詞です。「目上の者が目下の者に許可を与える」というニュアンスなので、May I [we] 〜？は Can I 〜？よりもていねいな頼み方になります。

例文

① May I smoke? たばこをすってもいいですか？

② May I speak to Nami, please? 奈美さんをお願いします。

③ May we sit next to you? 私たちが隣に座ってもいいですか？

④ May I ask a question?「1つ質問していいですか？」
   Yes, of course.「ええ、もちろん」

プラス

②は「奈美さんと話してもいいですか？」の意味で、電話の決まり文句です。May の代わりに can、speak の代わりに talk も使えます。

ドリル問題⑳ (STEP70 〜 74)

1 カッコ内に単語を入れて、英文を完成させてください。

① 金曜日なら来られるよ。
( ) ( ) come on Friday.

② その質問にはお答えできません。
( ) ( ) ( ) the question.

③ 「彼女は韓国語を話せますか?」「はい、話せます」
( ) ( ) ( ) Korean? — Yes, ( ) ( ).

④ 「この電話を使ってもいいですか?」「ええ、どうぞ」
( ) ( ) use this phone? — Yes, ( ).

2 日本語を英訳してください。

① そのファイル(file)が見つからないんだ。

② 「このケーキを食べてもいい?」「いいえ、だめよ」

③ メールアドレスを伺ってもよろしいですか?

④ 「彼女は魚を料理できますか?」「ええ、できます」

答

1 ① I can ② I can't answer ③ Can she speak, she can
④ May [Can] I, please

2 ① I can't find the file.
② Can I have [eat] this cake? — No, you can't.
③ May [Can] I have [ask] your e-mail address?
④ Can she cook fish? — Yes, she can.

STEP 75 may (2)

The rumor may be true.
（そのうわさは本当かもしれない）

解説

A + may +動詞の原形～. (Aは～かもしれない)

may には「～かもしれない」という〈推量〉の意味もあります。後ろには be や一般動詞を置きます。否定文（may not）は「～ではないかもしれない」の意味になります。

may の代わりに might も使う

might はもともと may の過去形ですが、「(ひょっとしたら)～かもしれない」という控えめな推量を表すのに使います。「(過去に)～かもしれなかった」という意味ではありません。

例文

① That building may be our hotel. あの建物が私たちの泊まるホテルかもしれない。

② It might rain in the afternoon. 午後は雨が降るかもしれない。

③ My father may not agree with me. 父は私に賛成しないかもしれない。

④ The grand prix might go to this movie. 最優秀賞を取るのはこの映画かもしれない。

STEP 76　must

The rumor must be true.
(そのうわさは本当に違いない)

解説

A + must + 動詞の原形〜. (Aは〜に違いない)

may(〜かもしれない)が半信半疑の推量を表すのに対して、mustは「〜に違いない」という確信の意味で使います。後ろにはbeや〈状態を表す動詞〉を置きます。

例文

① The boss must be angry.　社長は怒っているに違いない。

② That girl must be Ann's sister.　あの女の子はきっとアンの妹だ。

③ He must have a cold.　彼は風邪をひいているに違いない。

④ This must be the best movie of the year.　これは今年最高の映画に違いない。

プラス

mustの後ろに〈自分の意志で行う動作を表す動詞〉があるときは、mustは「〜しなければならない」の意味です。たとえばHe must work hard.は「彼は熱心に働かねばならない」という意味であり、「彼は熱心に働くに違いない」とは解釈できません。

STEP 77 can ―否定文(2)

The rumer can't be true.
(そのうわさは本当のはずがない)

解説

A + can't +動詞の原形〜. (A は〜のはずがない)

may (〜かもしれない)の否定文(may not)は「〜ではないかもしれない」という意味です。しかし、must (〜に違いない)を否定文にすることはできません。「〜のはずがない」という確信を持った否定を表すには、can't [cannot]を使います。後ろには be や〈状態を表す動詞〉を置きます。

例文

① She can't be over 30. 彼女が 30 歳を超えているはずがない。

② This novel can't be a masterpiece. この小説が傑作のはずがない。

③ The two boys can't be brothers. その2人の男の子が兄弟のはずがない。

④ Wild tigers can't live in Japan. 野生のトラが日本に住んでいるはずがない。

プラス

may は未来のことを推量するのにも使いますが、must や can't は現在のことにしか使いません。たとえば「彼は来るに違いない」は He must come. ではなく He is sure to come. などと言います。

ドリル問題㉑(STEP75 〜 77)

1 カッコ内に単語を入れて、英文を完成させてください。

① 彼は今眠っているかもしれない。
He ( ) ( ) sleeping now.

② これが本物のダイヤのはずがない。
This ( ) ( ) a real diamond.

③ きっとこれがマイクの車だ。
This ( ) ( ) Mike's car.

④ このプロジェクトはうまくいかないかもしれない。
This project ( ) ( ) ( ) successful.

2 日本語を英訳してください。

① あの男性は 80 歳を超えているに違いない。

② トムに恋人がいるはずがない。

③ 彼女はオーストラリア(Australia)出身かもしれない。

④ 私たちのバスは定刻に来ないかもしれない。

答

1 ① may [might] be ② can't [cannot] be ③ must be
④ may [might] not be

2 ① That man must be over eighty.
② Tom can't [cannot] have a girlfriend.
③ She may [might] be from Australia.
④ Our bus may [might] not come on time.

第 7 章 助動詞

STEP 78　have to —肯定文(1)

I have to go on a diet.
アイ　ヘァフタ　ゴウ　オンナ　ダイアット
(ダイエットしなくちゃ)

解説

A have to ＋動詞の原形. (A は〜しなければならない)
「〜しなければならない」という意味の助動詞には must と have to がありますが、会話では have to が好まれます。

A が 3 人称単数なら has to
主語が he、she のような 3 人称単数の場合は、have が has になります。

例文

① We have to go now. 私たちはもう行かなければなりません。

② He has to stop smoking. 彼は禁煙しなければならない。

③ You have to get up early tomorrow morning. 君は明日の朝は早起きしなくてはいけない。

④ I've got to buy gifts for my family. 家族におみやげを買わなくちゃ。

プラス

④ I've got to ＝ I have got to。くだけた表現では、have to の代わりに have got to という形も使います。

139

STEP 79　have to —肯定文(2)

I had to wait for an hour.
(私は1時間待たなければならなかった)

解説

A had to +動詞の原形. (A は〜しなければならなかった)

had to は have [has] to の過去形で、「(過去に)〜しなければならなかった」という意味を表します。must (〜しなければならない)には過去形がないので、必ず had to を使います。

例文

① We had to stand the heat.　私たちは暑さに耐えなければならなかった。

② I had to clean up my room last Sunday.　先週の日曜日は部屋の大掃除をしなければならなかった。

③ He had to cook for himself.　彼は自炊しなければならなかった。

④ We had to give up the plan.　私たちはその計画を断念しなければならなかった。

プラス

③ for himself は「彼[自分]自身のために」。「〜自身」を表す他の語は、myself (私自身)、herself (彼女自身)、yourself (あなた[たち]自身)、ourselves (私たち自身)、themselves (彼ら自身) など。

第7章 助動詞

STEP 80　have to —肯定文(3)

> # We'll have to cancel the tour.
> ウィル　ヘアフタ　キャンセル
> ザ　トゥア
> (私たちはツアーを解約しなければならないだろう)

解説

A will have to +動詞の原形. (Aは〜しなければならないだろう)

will must のように助動詞を2つ並べて使うことはできないので、「〜しなければならないだろう」は will have to で表します。

A may [might] have to +動詞の原形. (Aは〜しなければならないかもしれない)

may(〜かもしれない)の後ろに have to を置く形もあります。

例文

① You'll have to take the test again.　君はもう一度テストを受けねばならないだろう。

② I'll have to work overtime tomorrow.　明日は残業しなければならないだろう。

③ We may have to walk home.　私たちは歩いて家へ帰らなければならないかもしれない。

④ He might have to enter the hospital.　彼は入院しなければならないかもしれない。

STEP 81 have to —否定文

> # You don't have to wait for me.
> ユー ドウント ヘァ フタ ウエイト フォ ミー
> (ぼくを待たなくてもいいよ)

解説

A don't have to ＋動詞の原形. (A は〜しなくてよい)

have to を否定文にすると、「〜しなくてよい、〜する必要はない」という意味になります。has to の否定形は doesn't have to です。

例文

① You don't have to pay.　君は払わなくていいよ。

② You don't have to take off your shoes.　靴は脱がなくてかまいません。

③ He doesn't have to apologize.　彼は謝る必要はない。

④ You don't have to reply to this e-mail.　このメールには返事はいりません。

プラス

need(必要である)という動詞を使って、have to ＝ need to (〜する必要がある)、don't have to ＝ don't need to (〜する必要はない)と言い換えることができます。

第7章 助動詞

STEP 82　have to —疑問文

Do I have to bring a camera?
ドゥ　アイ　ハァ　ァ　フタ　ブリング　ア　キャメラ
(カメラを持って来なければなりませんか？)

解説

Do A have to＋動詞の原形 ? (Aは〜しなくてはなりませんか?)
　have to を疑問文にするときは、do (または does)を文の最初に置きます。

答え方
　do を使った疑問文なので、「はい(そうしなければなりません)」は Yes, A do [does]. 、「いいえ(そうしなくてもかまいません)」は No, A don't [doesn't]. で表します。

例文

① Do we have to come here tomorrow?　私たちは明日ここへ来なければなりませんか？

② Do you have to copy all this?　君はこれを全部コピーしなくちゃいけないの？

③ Do I have to eat the carrot?　「ニンジンを食べなきゃだめ？」
　Yes, you do.　「ええ、だめよ」

④ Do I have to help Dad?　「お父さんの手伝いをしなくちゃだめ？」
　No, you don't.　「いいえ、しなくていいわ」

143

ドリル問題㉒ (STEP78 〜 82)

1 カッコ内に単語を入れて、英文を完成させてください。

① 私たちは今日は残業しなくてはいけない。
We (　　) (　　) work overtime today.

② 彼女はその書類を全部コピーしなければならなかった。
She (　　) (　　) copy all the documents.

③ 彼はそのテストを受けなくてもいい。
He (　　) (　　) to take the test.

④ 私は夢をあきらめなければならないかもしれない。
I (　　) (　　) (　　) give up my dream.

2 日本語を英訳してください。

① 「私は彼の手伝いをしなければなりませんか?」「いいえ」

② 彼は新しい仕事を見つけねばならなかった。

③ 君は傘を持って来る必要はないよ。

④ 私たちは1時間待たねばならないだろう。

答

1 ① have to ② had to ③ doesn't have ④ may have to

2 ① Do I have to help him? — No, you don't.
② He had to find a new job.
③ You don't have to bring an [your] umbrella.
④ We'll have to wait for an hour.

第 7 章 助動詞

STEP 83 be able to

> # I was able to pass the test.
> アイ ワズ エイブル トゥ ペァス ザ テスト
> （私はそのテストに合格できた）

解説

A ＋ be able to ＋動詞の原形～．(A は～することができる)

can の過去形は could ですが、上の文を I could pass the test. とは言いません。「(過去に)～することができた」は was [were] able to で表すのがふつうです(able ＝可能な[形容詞])。

例文

① We were able to persuade him. 私たちは彼を説得できた。

② I wasn't able to understand the lecture. 私はその講義を理解できなかった。

③ Were you able to get the ticket? 切符は買えたの？

④ You'll be able to find a good job. 君はいい仕事を見つけることができるだろう。

プラス

否定文(～できなかった)では couldn't [could not]も使えます。I couldn't pass the test. は問題ありません。

④ will can のように助動詞を２つ並べて使うことはできないので、will や may の後ろでは be able to を使います。

STEP 84 shall (1)

> # Shall I change the channel?
> シャライ チェインジ ザ チャネル
> (チャンネルを変えようか？)

解説

Shall I ~? (~しましょうか？)

「(私が)~しましょうか？」と、相手の意向をたずねる言い方です。shall はもともと will と同様に「~だろう」の意味もありましたが、今日の話し言葉では「~しましょうか？」という意味の疑問文でしか使いません。

答え方

「~しましょうか？」とたずねられたときの答えとしては、Yes, please. (ええ、お願いします)や No, thanks [thank you]. (いいえ、けっこうです)などを覚えておきましょう。

例文

① Shall I help you? 手伝おうか？

② Shall I wash the dishes? お皿を洗いましょうか？

③ Shall I lower the blind?「ブラインドを下げましょうか？」
Yes, please.「ええ、お願いします」

④ Shall I bring some food?「食べ物を持って来ましょうか？」
No, thanks.「いいえ、けっこうです」

第7章 助動詞

STEP 85 shall (2)

Shall we have a party?
シャル ウィ ヘァヴ ア パーティー
(パーティーを開きましょうか？)

解説

Shall we ~? ([いっしょに]~しましょうか？)

「(私たちがいっしょに)~しましょうか」と、相手の意向をたずねる言い方です。

答え方

Shall we ~? という誘いに応じるときは、Yes, let's.(うん、そうしよう)や、(That's a) good idea. [Sounds great.](いい考えだね)などを使います。断るときは(I'm) sorry, (but) ... .(申し訳ないけれど…)のように言って理由を添えます。

例文

① Shall we split the check? 割り勘にしようか？

② Shall we set the table? 食卓の準備をしようか？

③ Shall we take a break?「休憩しようか？」
   Yes, let's.「うん、そうしよう」

④ Shall we go for a drink?「飲みに行こうか？」
   Sorry, (but) I have an appointment.「ごめん、約束があるんだ」

147

STEP 86 should

> # You should see a doctor.
> ユー シュッド スィー ア ダクタ
> (医者にみてもらう方がいいよ)

解説

A should ＋動詞の原形〜. (A は〜すべきだ[する方がよい])

should はもともと shall の過去形ですが、今日では「〜すべきだ」「〜する方がいい」の意味で使います。否定文(should not)は「〜すべきではない」「〜しない方がいい」の意味になります。

例文

① You should apologize to your wife. 君は奥さんに謝る方がいい。

② He should get more exercise. 彼はもっと運動すべきだ。

③ You shouldn't skip breakfast. 朝食を抜かない方がいいよ。

④ We shouldn't ignore his opinion. 私たちは彼の意見を無視するべきではない。

プラス

①③日本語の「〜する方がよい」に相当するもう１つの表現に、had better があります。ただし You had better 〜. は「君は〜する方がいい(さもないとどうなっても知らないぞ)」という脅迫的な響きを持つことがあるので、You should 〜. と言う方が無難です。

ドリル問題㉓(STEP83 〜 86)

1 カッコ内に単語を入れて、英文を完成させてください。

① 私たちは地下鉄の駅を見つけることができた。
We ( ) ( ) to find a subway station.

② 君は警察に電話した方がいい。
You ( ) call the police.

③ 「コーヒーを入れましょうか?」「ええ、お願いします」
( ) ( ) make some coffee? — Yes, ( ).

④ 「昼食をとりましょうか?」「ええ、そうしましょう」
( ) ( ) have lunch? — Yes, ( ).

2 日本語を英訳してください。

① 「彼に会うことができましたか?」「ええ、会えました」

② 「私が払いましょうか?」「いいえ、結構です」

③ 私たちはいいレストランを見つけることができるだろう。

④ その医者にはみてもらわない方がいい。

答

1 ① were able ② should ③ Shall I, please ④ Shall we, let's

2 ① Were you able to see [meet] him? — Yes, I was.
② Shall I pay? — No, thanks [thank you].
③ We'll be able to find a good restaurant.
④ You shouldn't see the doctor.

149

STEP 87 依頼の表現(1)

Will you drive me home?
（家まで車で送ってくれる？）

解説

Will you ~ (, please)? (~してくれますか？)

Will he ~? は「彼は~するだろうか？」の意味です(→ STEP43)。一方 Will you ~? には「あなたは~するつもりですか？」の意味もありますが、「~してくれませんか？」という〈依頼〉の意味でも使います。please をつけるとていねいさが増します。

例文

① Will you take this to the kitchen? これを台所へ運んでくれる？

② Will you check the data? データをチェックしてくれる？

③ Will you join us, please?「私たちに加わってもらえますか？」
   Yes, I will.「いいですよ」

④ Will you pass me the salt please?「塩を取ってくれる？」
   OK. Here you are.「いいよ。はい、どうぞ」

プラス

④ Here you are. (はい、どうぞ[ここにあります])は、相手に物を手渡すときの決まり文句です。

第7章 助動詞

STEP 88 依頼の表現(2)

Can you help me?
(手伝ってくれる？)

キャニュー ヘルプ ミー

解説

Can you ～ (, please)? (～してくれますか？)

Can you help me? の直訳は「あなたは私を手伝うことができますか？」。実質的な意味は「手伝ってよ」という〈依頼〉です。親しい間柄で使う表現です。また、Can't you help me? という言い方もします。これは「私を手伝えない(手伝ってくれるよね)？」という、Yes の答えを期待するくだけた表現です。

例文

① Can you mail this? これをポストに入れてくれる？

② Can you speak loudly? 大きな声で話してくれる？

③ Can you go with me?「一緒に行ってくれる？」
  I'm afraid I can't.「ごめん、行けないんだ」

④ Can't you share the umbrella?「傘に入れてくれない？」
  Sure.「いいよ」

プラス

③ I'm afraid ～. は「残念ながら～」の意味です。(→ STEP109)

151

STEP 89 依頼の表現(3)

Would you speak slowly, please?
（ゆっくり話していただけますか？）

解説

Would you ～, please?（～していただけますか？）

would は will の過去形ですが、話し言葉では過去のことを表すのではなく、ていねい[控えめ]な表現に使うのが一般的です。Will you ～? の代わりに Would you ～? と言うことによって、ていねいな頼み方になります。同じように Could you ～? も、Can you ～? よりずっとていねいな言い方になります。

例文

① Would you turn on the air-conditioner, please? エアコンをつけていただけますか？

② Would you spell your name, please? お名前をつづりで言っていただけますか？

③ Could you change a 10,000 yen bill, please? 1万円札を両替してもらえますか？

④ Could you keep my valuables, please? 「貴重品を預かっていただけますか？」
Certainly. 「かしこまりました」

ドリル問題㉔(STEP87〜89)

1 カッコ内に単語を入れて、英文を完成させてください。

① 私たちの写真を撮っていただけますか？
（　　）（　　）take a picture of us, please?

② 円をドルに両替してもらえますか？
（　　）（　　）exchange yen to dollars, please?

③ 「リモコンを取ってくれる？」「はい、どうぞ」
（　　）（　　）pass me the remote control? ―（　　）you are.

④ 「手伝ってくれる？」「ごめん、無理なんだ」
（　　）（　　）help me? ― I'm（　　）I can't.

2 [　]内の語を使って日本語を英訳してください。

① お皿を洗ってくれる？[can]

② ペンを持って来てもらえますか？[will]

③ 駅まで連れて行っていただけますか？[would]

④ ここで待っていただけますか？[could]

答

1 ① Will [Would, Could] you ② Will [Would, Could] you
③ Can you, Here ④ Can you, afraid [sorry]

2 ① Can you wash [do] the dishes?
② Will you bring (me) a pen(, please)?
③ Would you take me to the station(, please)?
④ Could you wait here (, please)?

第8章

さまざまな文

さまざまな文

英語の文の形は、いくつかの種類に分類できます。代表的なものは肯定文・否定文・疑問文ですが、そのほかにも命令文や感嘆文などがあります。

英語の文には原則としてS（主語）とV（動詞）が必要ですが、「〜しなさい」と相手に言うときは〈動詞の原形〉で文を始めます。
- Come in.（入りなさい）
- Get up.（起きなさい）

これらの動作を行うのは「あなた」なので、Sに当たる you が省略されていると考えることができます。

次のような、相手を誘う言い方もあります。
- Let's go.（行こう）
- Let's play cards.（トランプをしよう）

また、〈名詞 + please.〉（〜をください）という形の文もあります。
- Coffee, please.（コーヒーをください）

これらの文では〈S + V〉の形が整っていませんが、話し言葉ではこうしたシンプルな文がしばしば使われます。この章では、これらのさまざまな文の形を学習していきます。

第8章 さまざまな文

STEP 90 命令文(1)

> # Be quiet, please.
> ビー クワイアット プリーズ
> (静かにしてください)

解説

「〜しなさい」→動詞の原形で文を始める

「〜しなさい」と相手の行動を促す意味を表す文(命令文)は、動詞の原形で文を始めます。上の文は、You are quiet. の are を原形の be に置き換えた形です。

例文

① Boys, be ambitious. 少年よ、大志を抱け。

② Call me anytime. いつでも電話をちょうだい。

③ Take care of yourself. 体に気をつけてね。

④ Have a nice trip. よいご旅行を。

プラス

①は札幌農学校(現在の北大)で教鞭をとったクラーク博士の名言。Boys は呼びかけの言葉です。

②〜④は命令文ですが、相手に「命令」しているわけではありません。命令文はこのような使い方もできます。

③の直訳は「自分自身の世話をしなさい」(take care of 〜=〜の世話をする)。④は別れるときのあいさつで、Have a nice weekend [vacation]. (よい週末[休暇]を)などと応用できます。

157

STEP 91 命令文(2)

> # Don't be late.
> ドウント ビー レイト
> (遅れないでね)

解説

Don't +動詞の原形～. (～してはいけない)

「否定の命令文」、つまり「～してはいけない」の意味を表すには、動詞の原形の前に Don't を置きます。「決して～してはいけない」と強く否定するときは、Never を使います。

例文

① Don't be afraid. こわがらないで。

② Don't use your cell phone in the train. 電車内で携帯電話を使ってはいけない。

③ Don't believe such a rumor. そんなうわさを信じるな。

④ Never forget your password. パスワードを決して忘れてはいけません。

プラス

否定の命令文も、「命令」を表すとは限りません。Don't worry.（心配しないで）、Never give up.（あきらめないで）のように相手を励ましたり慰めたりする場合にも使います。なお、日本語の「ドンマイ」は Don't mind. がなまったものですが、英語では Don't mind. ではなく Never mind. と言います。

第8章 さまざまな文

STEP 92 命令文(3)

Sit down, please.
(座ってください)

解説

命令文に please をつけるとていねいさが増す

Sit down. は「座りなさい」という意味ですが、Sit down, please. とすれば「座ってください」という意味になります。Please sit down. でもかまいません。Don't を使った否定の命令文にも please を加えることができます。

例文

① Come in, please. 入ってください。

② Hold on, please. 電話を切らずに待ってください。

③ Don't touch this button, please. このボタンに触らないでください。

④ Don't be noisy in the library, please. 図書館で騒がないでください。

プラス

sit には「座っている」という状態を表す意味もあるので、「座る」という動作は sit down で表します。「立ち上がる」は stand up です。

③ hold on は「(電話を切らずに)待つ」。「電話を切る」は hang up と言います。

159

STEP 93 名詞＋, please.

> # Check, please.
> (お勘定をお願いします)

解説

名詞＋, please.（〜をください）

買い物や食事で「〜をください」と注文するときは、注文する物の後ろに please をつけて表すのが最もシンプルな言い方です。

例文

① Two coffees, please. コーヒーを2つください。

② A large (one), please. Lサイズを(1つ)ください。

③ An adult and two kids, please. 大人1枚、子ども2枚(の切符を)ください。

④ Ten liters (of gas), please. (ガソリンを)10リットル入れてください。

プラス

「請求書」を表す一般的な語は bill ですが、アメリカ英語ではレストランなどの会計伝票を check とも言います。

①を Give me [us] two coffees. のように言ってはいけません。give は「無料で与える」の意味です。(Give me) a glass of water, please. (水を1杯ください)とは言えます。

第8章 さまざまな文

ドリル問題㉕(STEP90 〜 93)

1 カッコ内に単語を入れて、英文を完成させてください。

① 気をつけなさい。
  ( ) careful.

② 恥ずかしがらないで。
  ( ) ( ) shy.

③ この手紙を開けないでください。
  ( ) ( ) this letter, ( ).

④ 冷たいお水を1杯ください。
  A glass of cold water, ( ).

2 日本語を英訳してください。

① 立ってください。

② この電話は使わないでください。

③ ハンバーガーを2つください。

④ 週末を楽しんできてね。

答

1 ① Be ② Don't be ③ Don't open, please ④ please

2 ① Stand up, please. ② Don't use this (tele)phone, please.
   ③ Two hamburgers, please. ④ Have a nice weekend.

STEP 94　would like —肯定文

> # I'd like an iced coffee, please.
> アイド　ライク　アンナイスト　コーフィ　プリーズ
> (アイスコーヒーをください)

解説

I'd like ＋名詞．(私は〜がほしい)

上の文は単に Iced coffee, please. とも言えますが、I'd like を前に置くこともできます。I'd は I would の短縮形で、would like ＝ want (〜がほしい)です。please は省くこともできますが、相手に何かを頼むときには文の最後に please をつける習慣をつけておくとよいでしょう。

例文

① I'd like a refill (of coffee), please. （コーヒーの）お代わりをください。

② I'd like an aisle seat, please. 通路側の席にしてください。

③ I'd like a single room, please. シングルの部屋にしてください。

④ I'd like cheese for dessert, please. デザートにチーズをください。

プラス

STEP89 で説明したとおり、助動詞の過去形を使うと控えめな言い方になります。I'd like 〜. は I want 〜. よりもていねいに響くので、話し言葉ではよく使われます。

第8章 さまざまな文

STEP 95　would like—疑問文

> # Would you like some tea?
> （お茶はいかが？）

解説

Would you like ＋名詞？（～はいかがですか？）

Do you want ～？（あなたは～がほしいですか？）をていねいに言う形です。相手に物を勧めるときによく使います。

答え方

ほしいときは Yes, please.（ええ、お願いします）、いらないときは No, thank you.（いいえ、けっこうです）などと言います。

例文

① Would you like some sugar in your coffee?　コーヒーに砂糖を入れる？

② Would you like some dressing on your salad?　サラダにドレッシングをかける？

③ Would you like another bottle (of wine)?「(ワインを)もう1本いかがですか？」
　Yes, please.「ええ、いただきます」

④ Would you like another piece of pie?「パイをもう一切れどう？」
　No, thanks. I'm full.「いいえ。もうお腹がいっぱい」

STEP 96 Let's ～

Let's sing together.
(いっしょに歌おうよ)

解説

Let's ＋動詞の原形～. (～しよう)

let's は let us の短縮形です。let は「～させる」という意味の動詞で、Let's sing. の直訳は「私たちに歌わせなさい」ですが、「(いっしょに)歌いましょう」と相手を誘う言い方です。

Let's ＋動詞の原形 ..., shall we? (～しようよ)

Let's ～. (～しよう)の後ろに shall we を加えて、相手を誘う気持ちを強めることもあります。

例文

① Let's make a toast. 乾杯しよう。

② Let's have something. 何か食べよう。

③ Let's have a drink, shall we? 一杯やろうよ。

④ Let's take a taxi, shall we? タクシーで行こうか。

プラス

① toast には「(パンの)トースト」のほかに「乾杯」の意味もあります。「乾杯！」の掛け声は、Toast!、Cheers!、Bottom up! などと言います。

164

STEP 97　Let me ～

Let me check my schedule.
(予定を確認させてください)

解説

Let me ＋動詞の原形. (～させてください)

Let's (= Let us) の代わりに Let me を使うと、「私に～させなさい[させてください]」という命令文の形になります。「私が～しますよ」と自分から何かの行動を申し出るときに使う言い方です。

例文

① Let me treat you to dinner.　夕食をおごるよ。

② Let me taste the soup.　スープを味見させてよ。

③ Let me introduce myself.　自己紹介させてください。

④ Let me help you with your homework.　ぼくが宿題を手伝ってあげるよ。

プラス

① treat は「もてなし、ごちそう」という名詞としても使います(ハロウィンで子どもたちが言う Trick or treat. はその意味です)が、treat A to B の形で「A〈人〉に B〈食事など〉をごちそうする[おごる]」という意味になります。

④ help A with B で「A〈人〉の B〈仕事など〉を手伝う」の意味です。

STEP 98 否定疑問文

Aren't you tired?
(疲れていないの？)

解説

Aren't you ~ ?（~ではないのですか？）

not を含む短縮形を文の最初に置いた疑問文があります。Are you tired? という問いが Yes と No の両方の答えを想定しているのに対して、Aren't you tired? は Yes の答えを前提としています。つまり「あなたは疲れているんでしょ？」というニュアンスの質問です。Don't や Can't などを使った疑問文も同様です。

答え方

内容が肯定なら Yes、否定なら No で答えます。「疲れているんだ」なら Yes, I am.、「疲れていないよ」なら No, I'm not. です。

例文

① Don't you think so? そう思わない？

② Can't he drive a car? 彼は車を運転できないの？

③ Didn't you know that?「それを知らなかったの？」
Yes, I did.「いや、知っていたよ」

④ Aren't you students?「君たちは学生じゃないの？」
No, we aren't.「ええ、違うわ」

第8章　さまざまな文

STEP 99　付加疑問

It's cold today, isn't it?
（今日は寒いね）

解説

肯定文＋〈, 否定の V + S〉? （～ですね）
否定文＋〈, 肯定の V + S〉? （～ではありませんね）

「～ですね」と相手に念を押すときは、〈カンマ＋V + S〉の形を使います。このとき、前が肯定文なら V を否定の形(not を含む短縮形)、前が否定文なら V を肯定の形にします。最後の S は代名詞を使います。

答え方

内容が肯定なら Yes、否定なら No で答えます。「うん、寒いね」なら Yes, it is.、「いや、寒くないよ」なら No, it isn't. です。

例文

① This picture is beautiful, isn't it?　この絵はきれいだね。

② He can't speak English, can he?　彼は英語を話せないよね？

③ Rie is your friend, isn't she?　「理恵は君の友だちだよね？」
　 Yes, she is.　「ええ、そうよ」

④ You aren't going to the party, are you?　「パーティーには行かないよね？」
　 No, I'm not.　「ええ、行かないわ」

STEP 100 感嘆文

How cute (this puppy is)!
([この子犬は]何てかわいいのかしら!)

解説

How +形容詞・副詞(+ S + V)!（何と〜なのだろう!）
What + a[an]+形容詞+名詞(+ S + V)!（何と〜な○○だろう）

「何と〜なのだろうか!」という〈感嘆〉の気持ちを表すには、how または what で文を始めます。後ろに名詞があるときは what を、名詞がないときは how (+形容詞・副詞)を使います。上の文のように最後は〈S + V〉の形にしますが、話し言葉ではその部分を省略することもよくあります。なお、この形の文の最後には感嘆符(!)をつけます。

例文

① How wonderful (this music is)! (この音楽は)何と素晴らしいのだろう!

② How careless I was!　ぼくは何て不注意だったんだろう!

③ What a beautiful sunset (this is)! (これは)何てきれいな夕焼けだろう!

④ What a hot day (it is)!　何て暑い日だろう!

第8章 さまざまな文

ドリル問題㉖(STEP94〜100)

1 カッコ内に単語を入れて、英文を完成させてください。

① レモンティーをください。
( ) ( ) tea with lemon, please.

② 彼は何てかっこいいんでしょう！
( ) cool ( ) ( )!

③「おなかはすいていないの？」「うん、すいていないよ」
( ) ( ) hungry? — ( ), ( ) ( ).

④ この絵は君のお母さんが描いたんだよね？
Your mother painted this picture, ( ) ( )?

2 日本語を英訳してください。

① このカメラをぼくに使わせてよ。

② ケーキをもう一切れいかが？

③ 何て面白い本だろう！

④ 明日は晴れるだろうね。

答

1 ① I'd like ② How, he is ③ Aren't you, No I'm not ④ didn't she

2 ① Let me use this camera.
② Would you like another piece of cake?
③ What an interesting book (this is)!
④ It will be fine [sunny] tomorrow, won't it?

第9章

動詞などの後ろに置く要素

動詞などの後ろに置く要素

この章で学習する内容は、中学英語の学習項目で言えば「5文型」に当たります。
「文型」とは「動詞の後ろにどんな形の語を置くか」を5つのグループに分類したものです。

文型	例
第1文型(SV)	He smokes.（彼はたばこをすう）
第2文型(SVC)	He is rich.（彼は金持ちだ）
第3文型(SVO)	He has a car.（彼は車を持っている）
第4文型(SVOO)	He gave me a book.（彼は私に本をくれた）
第5文型(SVOC)	He calls me Nao.（彼は私をナオと呼ぶ）

文型の学習はかなり複雑ですが、この本では「文型」という言葉は使わず、日常会話に最低限必要な表現に絞って取り上げます。

上の5つの文型のうち、最もよく使われるのは第3文型です。第1文型と第3文型の例はここまでの章でたくさん出てきているので、この章では第2・4・5文型を重点的に学習していきましょう。

第9章 動詞などの後ろに置く要素

STEP 101 動詞＋形容詞(1)

I became sick in the bus.
(私はバスの中で気分が悪くなった)

アイ ビケイム スィック イン ザ バス

解説

A ＋ become ＋形容詞・名詞. (A は〜になる)

「〜になる」という意味を表す動詞が英語には多くあり、それらの動詞は後ろに形容詞を置きます。ただし become (過去形＝became) だけは、形容詞のほかに名詞を置くこともできます。

例文

① She will become a musician. 彼女は音楽家になるだろう。

② The book became a best seller. その本はベストセラーになった。

③ It's becoming warmer day by day. 日ごとに暖かくなっている。

④ My grandfather is becoming senile. 祖父はもうろくしてきた。

プラス

sick は「病気だ」のほかに「気分が悪い、吐き気がする」の意味でも使います。

③ warmer は「より暖かい」。warm の比較級です(→第14章)。day by day は「1日ずつ」。by は「〜ずつ」の意味の前置詞で、one by one (1つずつ)、little by little (少しずつ) などとも言います。

173

STEP 102 動詞＋形容詞(2)

My father got fat recently.
マイ　ファーザ　ガット　ファット　リーセントリー
(父は最近太った)

解説

A + get +形容詞. (A は〜になる)

〈get +名詞〉は「〜を手に入れる」の意味です（日本語でも「ゲットする」と言います）が、〈get +形容詞〉は「〜になる(become)」の意味です。

be 動詞は〈状態〉、get は〈変化〉を表す

たとえば I was fat. は「私は太っていた」という〈状態〉を、I got fat. は「私は太った」という〈変化〉を表します。

例文

① I got sleepy at the meeting.　私は会議で眠くなった。

② My father got well.　父は元気になりました。

③ All my family got seasick.　家族全員が船酔いした。

④ We got lost in town.　私たちは町で道に迷った。

プラス

過去分詞が形容詞と同じ働きをする場合も、get が使えます。get tired (疲れる)、get married (結婚する) なども同様です。

第9章 動詞などの後ろに置く要素

STEP 103 動詞＋形容詞(3)

The light turned red.
(信号が赤になった)

解説

A ＋ turn ＋形容詞. (A は〜になる)

〈turn ＋形容詞〉は「〜に変わる、〜になる」の意味です。そのほか、come・fall・go・grow なども「〜になる」の意味で使うことがあります。ただしこれらは特定の語と結びつけて使うので、慣用表現として覚えておくのがよいでしょう。

例文

① Your dream will come true. 君の夢は実現するだろう。

② I fell asleep in class. 授業中に居眠りしちゃった。

③ This fish will go bad overnight. この魚は一晩置くと傷みそうだ。

④ My mother grew old. 母は年を取った。

プラス

① come true ＝実現する[本当になる]

② fall asleep ＝眠り込む[眠った状態になる]

③ go bad ＝傷む[悪くなる]

④ grow old ＝年を取る[年寄りになる]

STEP 104 動詞＋形容詞(4)

> # This kiwifruit tastes sour.
> ディス　キーウィフルート　テイスツ　サウア
> (このキーウィはすっぱい[味がする])

解説

A + taste +形容詞. (A は〜の味がする)

「五感」を表す語は、名詞・動詞の両方の使い方があります。②の意味では、後ろに形容詞を置きます。

- feel ＝①感触[名詞]　②〜の感じがする[動詞]
- look ＝①外見[名詞]　②〜に見える[動詞]
- smell ＝①におい[名詞]　②〜のにおいがする[動詞]
- sound ＝①音[名詞]　②〜に聞こえる[動詞]
- taste ＝①味[名詞]　②〜の味がする[動詞]

例文

① We felt very sad. 私たちはとても悲しく感じた。

② This cheese smells bad. このチーズはいやなにおいがする。

③ The story doesn't sound true. その話は本当らしく聞こえない。

④ How did it taste? それはどんな味だったの？

プラス

これらの動詞が〈動作〉を表す場合もあります。たとえば taste the soup は「スープを味見する」の意味です。

第9章 動詞などの後ろに置く要素

STEP 105 動詞＋形容詞(5)

He looks drunk.
(彼は酔っているようだ)

解説

A + look +形容詞. (A は～に見える)

〈look +形容詞〉は「(外見が)～に見える」という意味です。

A + look like +名詞. (A は～のように見える)

look の後ろに名詞を置くときは、間に like をはさみます。この like は「～のような」の意味の前置詞です。

例文

① You look happy. うれしそうだね。

② She looks young for her age. 彼女は年の割に若く見える。

③ You look like a model. 君はモデルみたいだね。

④ He looks just like his father. 彼はお父さんにそっくりだ。

プラス

③④五感を表す他の動詞の後ろにも like を置けます。たとえば smell like lemon は「レモンのようなにおいがする」、taste like cheese は「チーズのような味がする」です。

ドリル問題㉗ (STEP101 〜 105)

1 カッコ内に単語を入れて、英文を完成させてください。

① ミルクが傷んだ。
The milk (　　) bad.

② その患者は元気になってきています。
The patient is (　　) well.

③ 君は疲れているようだね。
You (　　) tired, (　　) you?

④ 信号が青になった。
The light (　　) green.

2 日本語を英訳してください。

① この花はいいにおいがする。

② 彼はサッカー選手になりたがっている。

③ このガム(gum)はレモンの味がする。

④ 彼は会議中に居眠りした。

答

1 ① went ② getting [becoming] ③ look, don't ④ turned

2 ① This flower smells good.
　　② He wants [hopes] to become a soccer player.
　　③ This gum tastes like lemon.
　　④ He fell asleep during [in] the meeting.

第9章 動詞などの後ろに置く要素

STEP 106 動詞 + that ～(1)

I think (that) it's a good idea.
(それはいい考えだと思う)

解説

that は「～ということ」の意味

that は、接続詞として使うこともできます（→第13章）。〈that + S + V〉の形は「SがVする[である]こと」という意味。

I think (that) ～. (～だと思う)

動詞の後ろにこの that で始まる形を置くと、「…ということを～する」という意味を表せます。think that ～ は「～と(いうことを)考える、思う」の意味。話し言葉では that はふつう省略します。

例文

① I think this movie is boring. この映画は退屈だと思う。

② I think she has a talent for music. 彼女には音楽の才能があると思う。

③ I don't think this article is true. この記事は本当ではないと思う。

④ I don't think the team will win the championship. そのチームは優勝しないと思う。

プラス

「～ではないと思う」は、③④のように「～だとは思わない」と表現します。

STEP 107 動詞＋ that 〜(2)

I hope (that) he'll succeed.
(彼が成功すればいいと思う)

解説

I hope (that) 〜. (〜ならよいと思う)
hope は「〜を希望する」の意味で、後ろに〈that ＋ S ＋ V〉の形を置くことができます。

後ろに that 〜 を置く動詞
この形を後ろに置ける動詞には、think や hope のほかに、know(知っている)、remember(覚えている)、say(言う)などがあります。

例文

① I hope everything goes well. 万事うまくいくといいね。

② He always says he is busy. 彼はいつも忙しいと言う。

③ I remember we played in this park. 私たちがこの公園で遊んだことを覚えています。

④ She doesn't know you are married. 彼女は君が結婚していることを知らない。

プラス

① hope that の後ろには未来の内容を置きますが、will を使わずに現在形を使ってもかまいません。

STEP 108 動詞+人+ that ～

The secretary told me (that) he was out.
(彼は外出している、と秘書は私に言った)

解説

A tell +人+(that)～. (A は〈人〉に～と伝える)

say が〈say + that ～〉で「～と言う」の意味になるのに対して、tell の後ろには必ず〈人〉を置き、その後ろに that を続けます。この that も省略可能です。

前が told(過去形)なら that の後ろも過去形にする

上の文は、The secretary said to me, "He is out." と言い換えることができます。彼が外出していたのは秘書が「言った」のと同じ時点のことなので、過去形で表します。

例文

① He always tells me that he wants a girlfriend. 彼は恋人がほしいといつも私に言う。

② The station attendant told us the train was leaving soon. もうすぐ電車が出ます、と駅員は私たちに言った。

③ She will tell you she can't come to the party. 彼女はパーティーに来られないと君に言うだろう。

④ He told me that he didn't have to apologize. 自分が謝る必要はない、と彼は私に言った。

STEP 109 形容詞＋ that ～(1)

I'm afraid (that) it will rain tomorrow.
([残念ながら]明日は雨じゃないかな)

解説

形容詞の後ろに〈that + S + V〉の形を置ける

ある種の形容詞の後ろに〈that + S + V〉の形を置くと、「…ということを～する」という意味になります。that は省略可能です。

I'm afraid (that) ～．(残念ながら～)

直訳は「私は～ということを恐れている」ですが、主に次の2つの状況で使います。
①好ましくないことを予想するとき。逆に、好ましいことを予想するときは I hope ～．(～すればいいと思う)を使います。
②相手の誘いを断るとき。I'm sorry. に近い意味です。

例文

① I'm afraid we won't be in time for the concert. ぼくらはコンサートに間に合いそうにない。

② I'm afraid I'll fail the math exam. 数学の試験に落ちそうだ。

③ I'm afraid I can't come on Friday. あいにく金曜日にはうかがえません。

④ Will you help me, please?「手伝ってくれる？」
I'm afraid I can't.「残念だけど無理なんだ」

STEP 110 形容詞 + that 〜 (2)

> アイ ワズ ヘァピー ザット アイ ガッタ プライズ
> **I was happy (that) I got a prize.**
> (ぼくは賞をもらってうれしかった)

解説

感情を表す形容詞 + that 〜（〜して…[の気持ち]だ）

glad/happy（うれしい）、sad（悲しい）、surprised（驚いている）、sorry（残念だ、申し訳ない）などの〈感情を表す形容詞〉の後ろに〈that + S + V〉の形を置くと、「〜してうれしい[悲しい]」などの意味になります。that 以下が〈感情の原因〉を表す言い方です。that は省略可能です。

例文

① I'm glad you like it. それを気に入ってくれてうれしいわ。

② I'm sorry I'm late. 遅れてごめんなさい。

③ I was sad (that) my dog died. 飼い犬が死んで私は悲しかった。

④ We were surprised (that) the manager resigned. 部長が辞任したことに私たちは驚いた。

プラス

②のように I'm sorry の後ろに文の形を続けることができます。I'm sorry I can't come.（申し訳ないけれど来られません）のように未来の内容を表すこともできます。

183

ドリル問題㉘ (STEP106 ～ 110)

1 カッコ内に単語を入れて、英文を完成させてください。

① 私たちの販売キャンペーンがうまくいけばいいと思う。
I ( ) ( ) our sales campaign will be successful.

② 彼はテストに合格しないと思うよ。
I ( ) ( ) he ( ) pass the test.

③ ぼくたちは道に迷ったみたいだ。
I'm ( ) we've got lost.

④ 奥さんが病気だと彼は私に言った。
He ( ) me ( ) his wife ( ) sick.

2 日本語を英訳してください。

① 私たちが同じクラスだったのを覚えてる?

② 彼がそこにいたことに私は驚いた。

③ 君が入院していたとは知らなかった。

④ 君の手紙に返事を出さなくてごめん。

答

1 ① hope that ② don't think, will ③ afraid ④ told, that, was

2 ① Do you remember (that) we were in the same class [we were classmates]?
② I was surprised (that) he was there.
③ I didn't know (that) you were in (the) hospital.
④ I'm sorry (that) I didn't answer your letter.

第9章 動詞などの後ろに置く要素

STEP 111 動詞＋人＋物(1)

He gave me this ring.
(彼は私にこの指輪をくれたの)

ヒー ゲイヴ ミー ディス リング

解説

give ＋人＋物 (〈人〉に〈物〉を与える[あげる])

後ろに〈人＋物〉の形の語を置くことのできる動詞があります。give のほか、lend(貸す)、send(送る)、show(見せる)、teach(教える)、tell(伝える)などです。

〈物＋ to ＋人〉で言い換えられる

〈物〉を前に出して、後ろに〈to ＋人〉の形を置くこともできます。上の文は He gave this ring to me. と言い換えられます。

例文

① I'll send you an e-mail later. 後で君にメールを送るよ。

② Could you tell me the way to the station? 駅へ行く道を(私に)教えてもらえますか？

③ I lent my bicycle to a friend. 友だちに自転車を貸してやった。

④ I sometimes teach English to my sister. 私は時々妹に英語を教えます。

STEP 112 動詞＋人＋物(2)

My father bought me a watch.
(父が私に時計を買ってくれました)

解説

buy ＋人＋物 (〈人〉に〈物〉を買ってやる)

STEP111 で取り上げた give、lend、send などは、〈動作の相手〉を必要とします。たとえば I gave a watch. という文は、誰に時計をあげたのかわからないので不自然です。一方、My father bought a watch. (父は時計を買った) のような完成した文に、me を加えて「私のために」の意味を表すこともできます。

〈物＋ for ＋人〉で言い換えられる

このタイプの動詞は、〈物〉を前に出すと後ろは〈for ＋人〉の形になります。

例文

① My sister made me lunch. ＝ My sister made lunch for me.
姉は私に昼食を作ってくれた。

② I'll choose you a tie. 私があなたにネクタイを選んであげるわ。

③ My uncle found a good job for me. おじがいい仕事を見つけてくれた。

④ Sing a song for us, please. 私たちに 1 曲歌ってください。

第9章 動詞などの後ろに置く要素

STEP 113 動詞＋A＋B(1)

> # My name is Hidekazu.
> # Call me Hide.
> (私の名前は秀和です。ヒデと呼んでください)

解説

call ＋ A ＋ B (A を B と呼ぶ)

call (呼ぶ) の後ろに名詞・代名詞を 2 つ並べた形には、次の 2 つの意味があります。

(a) Call me Hide, please. (私をヒデと呼んでください)
(b) Call me a taxi. (私にタクシーを呼んでください)

(b)は Call a taxi. ＋ me なので、STEP112 と同じ形の文です。一方(a)は me ＝ Hide の関係になっています。この意味の call と同様の使い方をする動詞には、name (名づける)、elect ([選挙で]選ぶ)、appoint (任命する) などがあります。

例文

① We call this flower "sumire". 私たちはこの花をスミレと呼びます。

② I'll name my son "Yuta". 私は息子を勇太と名づけるつもりだ。

③ We elected Mr. Kimura (as) our leader. 私たちは木村氏をリーダーに[として]選んだ。

④ Who will the president appoint (as) his successor? 社長は誰を後継者に[として]任命するだろう。

STEP 114 動詞 ＋ A ＋ B (2)

This soup made me sick.
（このスープを飲んだら気分が悪くなった）

ディス スープ メイド ミー スィック

解説

make ＋ A ＋ B（A を B にする）

make の本来の意味は「作る」ですが、〈make ＋ A ＋ B〉の形は「A が B である状態を作る → A を B にする」という意味を表します。A の位置には目的格の名詞・代名詞（me、him、Tom など）を置き、B の位置には形容詞・名詞を置きます。上の文は「このスープは I'm sick. の状態を作った」ということです。

例文

① The news made us sad. その知らせは私たちを悲しくさせた。

② The letter made me uneasy. その手紙は私を不安にした。

③ His attitude made the interviewer angry. 彼の態度は面接官を怒らせた。

④ The novel will make her a famous writer. その小説は彼女を有名作家にするだろう。

プラス

〈make ＋ A ＋ B〉が「A〈人〉に B〈物〉を作ってやる」という意味になる場合もあります（→ STEP112）。

第9章 動詞などの後ろに置く要素

STEP 115 動詞＋A＋B (3)

> # Keep the door open.
> キープ ザ ドア オウプン
> (ドアを開けたままにしておきなさい)

解説

keep + A + B (AをBの状態に保っておく)

日本語の「キープする」からもわかるとおり、keep は「保つ、持っておく」という意味です。〈keep + A + B〉の形は「A が B である状態を保っておく」という意味を表します。A は名詞・代名詞、B は形容詞です。

leave + A + B (AをBの状態に放置しておく)

keep は「(意識的に)保っておく」という意味ですが、leave は「そのままに放置しておく」の意味を表します。

例文

① Keep the windows closed. 窓を閉めておきなさい。

② She always keeps her room tidy. 彼女はいつも部屋を整頓している。

③ Don't leave the door open. ドアを開けっぱなしにしてはいけない。

④ Who left the TV on? 誰がテレビをつけたままにしたの？

プラス

④は The TV is on [off]. (テレビのスイッチが入って[切れて]いる)という表現をもとにした言い方です。

ドリル問題㉙ (STEP111 〜 115)

1 カッコ内に単語を入れて、英文を完成させてください。

① そのメールを読んで私はうれしくなった。
The e-mail ( ) ( ) happy.

② それを私にちょうだい。
( ) ( ) ( ) me.

③ おばは私にドレスを買ってくれました。
My aunt ( ) ( ) a dress.

④ パソコンのスイッチは入れておいてね。
( ) the computer ( ).

2 日本語を英訳してください。

① その自伝(autobiography)のおかげで彼は金持ちになった。

② 私たちは彼女をケイと呼びます。

③ 自分の部屋はきれいにしておきなさい。

④ 窓を閉めっぱなしにしておいてはいけません。

答

1 ① made me ② Give it to ③ bought me ④ Keep, on

2 ① The autobiography made him rich. ② We call her Kei.
③ Keep your room clean. ④ Don't leave the window(s) closed.

第10章
受動態と現在完了形

受動態と現在完了形

英語のすべての動詞は、次の2つの活用形を作ります。

	例	表す意味
現在分詞	eating	①食べる〈能動〉　②食べている〈進行〉
過去分詞	eaten	①食べられる〈受動〉　②食べ(終え)た〈完了〉

「現在分詞」「過去分詞」という名前はついていますが、これらは「現在」「過去」という時間とは関係ありません。現在分詞が過去のことを表したり、過去分詞が現在のことを表したりする場合もあります。たとえば He was eating lunch. (彼は昼食を食べていた)の eating (現在分詞)は「食べる動作が進行中だ」という意味を持ちます。

受動態は、過去分詞を①の意味で使って、「～される」という意味を表す形です。これに対して、「～する」という意味を表す形を能動態と言います。

能動態　People speak English in many countries.
　　　　(人々は多くの国々で英語を話す)
受動態　English is spoken in many countries.
　　　　(英語は多くの国々で話される)

このように、受動態は〈be 動詞＋過去分詞〉の形で作ります。

現在完了形は、過去分詞を②の意味で使って、「～してしまった」などの意味を表す形です。

● I have eaten lunch. (私は昼食を食べた[ところだ])

この章では、これらの2つの形を学習していきます。

※主な動詞の過去分詞については、p.60、61を参照してください。

第10章 受動態と現在完了形

STEP 116 受動態—現在形(1)

This shirt is made in China.
（ディス シャート イズ メイド イン チャイナ）
(このシャツは中国製だ[中国で作られる])

解説

A + is +過去分詞. (A は〜され[てい]る)

受動態の基本形は〈be 動詞＋過去分詞〉です。「(今)〜される[されている]」の意味を表す場合は、be 動詞は主語に応じて is・am・are を使い分けます。

by(〜によって)の使い方

受動態の後ろの by は「〜によって」の意味を表します。

- My room is cleaned by my mother.
（私の部屋は母によって掃除される）

例文

① The song is known all over the world. その歌は世界中で知られている。

② This e-mail is written in English. このメールは英語で書かれている。

③ Our products are used in many countries. 当社の製品は多くの国で使われています。

④ We are taught by Mr. Kevin. 私たちはケビン先生に教わっています。

STEP 117 受動態—現在形(2)

This room isn't used now.
(この部屋は今は使われていない)

解説

A + isn't +過去分詞~. (Aは~され[てい]ない)
受動態の否定文は、be動詞の後ろにnotを置いて作ります。

Is + A +過去分詞~? (Aは~され[てい]ますか?)
受動態の疑問文は、be動詞を文の最初に置いて作ります。答えるときはbe動詞を使います。

例文

① The door isn't locked. ドアには鍵がかかっていない。

② This drug isn't sold in Japan. この薬は日本では売られていない。

③ Are the windows closed?「窓は閉まって[閉められて]いる?」
Yes, they are.「ええ、閉まっているわ」

④ Where is this wine made?「このワインはどこで作られますか?」
(It's made) in France.「フランスです」

プラス

①lock the doorで「ドアに鍵をかける」という意味です。

④疑問詞を使った受動態の疑問文は、〈疑問詞+ be動詞+ A +過去分詞~?〉の形になります。

第 10 章　受動態と現在完了形

STEP 118　受動態――過去形

The schedule was changed.
(予定が変更された)

解説

A + was + 過去分詞. (A は~され[てい]た)

受動態の be 動詞を過去形の was・were にすれば、「(過去に)~された[されていた]」の意味を表すことができます。否定文や疑問文も、現在形の場合と同じように作ります。

例文

① The file was found under the copier. そのファイルはコピー機の下で見つかった。

② I was [got] caught in a speed trap. スピード違反の装置に引っ掛かった。

③ Were you scolded by your teacher?「君たちは先生に叱られたの?」
Yes, we were.「うん、叱られたよ」

④ When was this house built?「この家はいつ建てられましたか?」
(It was built) about 30 years ago.「約 30 年前です」

プラス

②〈be 動詞+過去分詞〉には「~される」「~されている」の 2 つの意味があるので、前者の意味を明らかにしたいときは〈get +過去分詞〉の形を使います。

195

STEP 119 受動態—助動詞つき

Glass bottles can be recycled.
(ガラス瓶はリサイクルできる)

グレァス バトルズ キャン ビー リサイクルド

解説

A + will be +過去分詞. (A は〜されるだろう)

助動詞と受動態を組み合わせることができます。助動詞の後ろには動詞の原形を置くので、上の文の場合は can (〜することができる) + be recycled (リサイクル[再生利用]される) となります。

例文

① The meeting will be held next week. 会議は来週行われるだろう。

② The game may be canceled. 試合は中止されるかもしれない。

③ This old rule should be changed. この古い規則は変えられるべきだ。

④ Will the criminal be arrested?「犯人は逮捕されるだろうか？」I'm afraid not.「無理だろう」

プラス

④答えの文は、I'm afraid (he will) not (be arrested). の短縮形です。

第10章　受動態と現在完了形

ドリル問題㉚ (STEP116 〜 119)

1 カッコ内に単語を入れて、英文を完成させてください。

① この教会は100年前に建てられたものだ。
This church (　　) (　　) 100 years ago.

② これらのパソコンは毎日使われていますか？
(　　) these computers (　　) every day?

③ 行方不明のファイルは見つからなかった。
The missing file (　　) (　　).

④ その男の子たちは先生に叱られるだろう。
The boys (　　) (　　) scolded (　　) their teacher.

2 日本語を英訳してください。

① 聖書(the Bible)は世界中で読まれている。

② その歌手は日本では知られていない。

③ その計画は変更されるかもしれない。

④ その国ではいくつの言語(language)が話されていますか？

答

1 ① was built　② Are, used　③ wasn't found　④ will be, by

2 ① The Bible is read around [all over] the world.
② The singer isn't known in Japan.
③ The plan may [might] be changed.
④ How many languages are spoken in the country?

STEP 120 現在完了形—完了・結果(1)

I've already eaten lunch.
(もう昼食を食べました)

アイヴ オールレディ イートゥン ランチ

解説

A + have (already) +過去分詞~. (A は[もう]~してしまった)

ここからは、現在完了形を学習します。過去分詞には〈完了〉の意味があるので、have eaten は「食べ(終え)た状態を(今)持っている」が元の意味です。つまり上の文は、「昼食を食べて今は満腹だ」のような〈現在の状態〉を表しています。I ate lunch. は「過去のある時点で昼食を食べた」という意味であり、現在の状態はわかりません。それが過去形と現在完了形の違いです。

例文

① I've already seen the movie. その映画はもう見たよ。

② I've just finished my homework. ちょうど宿題が終わったところだ。

③ I've caught a bad cold. ひどい風邪をひいてしまった。

④ We've remodeled our house. 私たちは家をリフォームした。

プラス

I have → I've、we have → we've と短縮できます。

たとえば②は「今は宿題が終わっているから遊びに行ける」のような状況を、③は「まだ風邪が治っていない」という状況を意味します。

第10章 受動態と現在完了形

STEP 121 現在完了形—完了・結果(2)

I haven't decided yet.
(まだ決めていません)

アイ ヘァヴント ディサイディッド イエット

解説

A + have + 過去分詞~ (yet). (A は[まだ]~していない)

現在完了形の否定文は、have の後ろに not をつけて作ります。don't have とは言いません。have not の短縮形は haven't です。「まだ」という意味を明らかにしたいときは、文の最後に yet を置きます。

例文

① I haven't seen the movie yet. その映画はまだ見ていません。

② The train hasn't left yet. 電車はまだ出ていません。

③ Some of the guests haven't arrived yet. 何人かの客はまだ到着していない。

④ We haven't reserved a table at the restaurant. 私たちはレストランに席を予約していません。

プラス

②主語が3人称単数のときは、have の代わりに has を使います。has not の短縮形は hasn't です。

199

STEP 122 現在完了形─完了・結果(3)

Have you finished breakfast (yet)?
(もう朝食は済んだの？)

ヘァヴ ユー フィニッシュト ブレックファスト イエット

解説

Have + A +過去分詞～ (yet)? (A は[もう]～しましたか？)
現在完了形の否定文は、have を文の最初に置いて作ります。yet は否定文では「まだ(～ない)」の意味ですが、疑問文で使うと「もう」の意味になります。A が 3 人称単数なら、have の代わりに has を使います。

答え方

Have you ～? という問いに対しては、Yes, I [we] have.(はい)、または No, I [we] haven't.(いいえ)で答えます。

例文

① Have you read the book?「その本を読んだの？」
　Yes, I have.「ええ、読んだわ」

② Has the game started?「試合はもう始まった？」
　No, (it has) not (started) yet.「いいえ、まだよ」

③ Have you found the key?「鍵は見つかったかい？」
　Yes, I have.「うん、見つけたよ」

④ Have you got the tickets?「切符は手に入ったの？」
　No, we haven't.「いいえ、だめだったわ」

第10章 受動態と現在完了形

ドリル問題㉛(STEP120 〜 122)

1 カッコ内に単語を入れて、英文を完成させてください。

① 部長はもう退社しました。
The manager ( ) ( ) left the office.

② 鍵がまだ見つからないんだ。
I ( ) found the key ( ).

③ たった今そのニュースを聞いたところだ。
I've ( ) ( ) the news.

④ 「もう宿題は終わったの?」「いいや、まだだよ」
( ) you finished your homework? — No, ( ) ( ).

2 日本語を英訳してください。

① もう暗くなった。

② 私はまだ切符を買ってないの。

③ 私たちはちょうど着いたところです。

④ 「お父さんはもう家を出たのですか?」「ええ、出ました」

答

1 ① has already ② haven't, yet ③ just heard ④ Have, not yet

2 ① It has (already) become dark.
② I haven't bought [got] a [the] ticket (yet).
③ We've [We have] just arrived.
④ Has your father left home (yet)? — Yes, he has.

STEP 123 現在完了形—経験(1)

I've read this novel before.
アイヴ　レッド　ディス　ナヴェル　ビフォア
(この小説は前に読んだことがある)

解説

A + have +過去分詞〜. (A は〜したことがある)
現在完了形は、「〜したことがある」という〈経験〉の意味を表すこともできます。

have been to 〜 (〜へ行ったことがある)
「行く」は go ですが、「行ったことがある」は have gone ではなく have been で表すのがふつうです。

例文

① I've visited the museum twice.　その美術館は2回訪れたことがある。

② I've met her once before.　彼女には前に一度会ったことがある。

③ I've been to the group's concert before.　そのグループのライブコンサートに行ったことがあります。

④ My father has been to Korea many times.　父は何度も韓国へ行ったことがあります。

STEP 124 現在完了形―経験(2)

> # I've never seen a whale.
> アイヴ　ネヴァ　スィーンナ　ウェイル
> (私は一度もクジラを見たことがない)

解説

A + have + never +過去分詞~. (A は一度も~したことがない)
〈経験〉を表す現在完了形を否定文にすると、「~したことが一度もない」という意味になります。この意味の文には never (一度も~ない)を使います。

例文

① I've never used this software. このソフトは使ったことがないんだ。

② He has never entered the hospital. 彼は今までに一度も入院したことがない。

③ The team has never won the championship. そのチームは一度も優勝したことがない。

④ We've never been to Australia. 私たちはオーストラリアへは行ったことがありません。

プラス

④〈have never been to ~〉は「~へ一度も行ったことがない」の意味です。

STEP 125 現在完了形—経験(3)

Have you ever climbed Mt. Fuji?
(富士山に登ったことがありますか)

解説

Have + A + (ever +) 過去分詞〜？(A は[今までに]〜したことがありますか？)

相手の経験をたずねるには、ever(今までに)を使った現在完了形の疑問文を使います。ever は省略することもできます。

例文

① Have you ever taken a TOEIC test? 今までに TOEIC テストを受けたことがありますか？

② Has he ever come to Japan? 彼は日本に来たことがありますか？

③ Have you ever had Turkish food? 「トルコ料理を食べたことがありますか？」 Yes, I have. 「ええ、あります」

④ Have you (ever) been to Spain? 「スペインへ行ったことがありますか？」 No, I haven't. 「いいえ、ありません」

プラス

ever は肯定文には使いません。たとえば「私は今までにこの映画を見たことがある」を I've ever seen this movie. とは言えません。正しくは I've seen this movie (before). です。

第10章 受動態と現在完了形

STEP 126 現在完了形―継続(1)

I've had a cold for a week.
(1週間ずっと風邪をひいている)

アイヴ ヘアド ア コウルド フォラ ウィーク

解説

A + have +過去分詞~. (Aは[今までずっと]~している)

現在完了形は、「(過去から今まで)ずっと~している」という〈継続〉の意味を表すこともできます。

for の後ろには〈期間の長さ〉を置く

この意味の現在完了形は、for(~の間)または since(~以来)と結びつけて使うのがふつうです。for の後ろには期間や時間の長さ(a week、two hours など)を置きます。

例文

① I've known her for ten years. 彼女とは10年来の知り合いです。

② We've lived here for five years. 私たちはここに5年住んでいます。

③ The boss has been in the meeting for six hours. 上司は6時間ずっと会議中です。

④ I haven't seen him for a month. ここ1か月彼に会っていない。

STEP 127 現在完了形—継続(2)

I've been busy since morning.
（私は朝からずっと忙しい）

アイヴ ビーン ビズィ スィンス モーニング

解説

since の後ろには〈始まりの時点〉を置く

〈継続〉を表す現在完了形は、since (〜以来) とも結びつきます。since の後ろには last week、yesterday などを置きます。

It's been +期間+ since ... .(…以来〜になる)

It's は It has の短縮形で、単に It's[= It is] とも言います。

例文

① I've had a headache since last night. 昨夜からずっと頭が痛い。

② We've been in the black since 2005. 当社は 2005 年からずっと黒字です。

③ It's (been) five years since my father died. 父が死んでから 5 年になる。

④ It's been a long time. 久しぶりですね。

プラス

④後ろに since we met last を補って考えると「(私たちが最後に会って以来)長い時間がたちましたね」という意味だとわかります。

STEP 128 現在完了形―継続(3)

> # How long have you lived in Japan?
> (ハウ ロング ヘアヴユー リヴド イン ジャパン)
> (日本にどのくらい住んでおられますか?)

解説

How long + have + A +過去分詞~? (A はどのくらいの期間~していますか?)

上の文に対する答えは、(I've lived in Japan) for two years. (私は2年間日本に住んでいます)のようになります。この下線部をたずねるには、How long (どのくらい長い間)で始まる疑問文を使います。後ろは疑問文の語順にして、have を前に置きます。

例文

① How long have you known each other? あなたたちがお互いに知り合ってどのくらいになりますか?

② How long has your brother been in the hospital? お兄さんが入院してからどのくらいになるの?

③ How long have you worked here? 「あなたはどのくらいここで働いていますか?」
For six months. 「6か月です」

④ How long has it been since you graduated from university?
「大学を卒業してからどのくらいになりますか?」
More than ten years. 「10年以上です」

ドリル問題㉜(STEP123 ～ 128)

1 カッコ内に単語を入れて、英文を完成させてください。

① 流れ星を見たことがある?
Have you ( ) ( ) a shooting star?

② 父はカラオケを歌ったことがない。
My father ( ) ( ) sung karaoke.

③ 1週間前からずっと風邪をひいている。
I've ( ) a cold ( ) a week.

④ 彼女は火曜日からずっと欠席している。
She ( ) ( ) absent ( ) Tuesday.

2 日本語を英訳してください。

①「カナダへ行ったことがありますか?」「ええ、あります」

② その映画は3回見たことがあるよ。

③ 私は日本に来てから2年になります。

④ あなたがここに引っ越して来てからどのくらいになりますか?

答

1 ① ever seen ② has never ③ had, for ④ has been, since

2 ① Have you (ever) been to Canada? — Yes, I have.
② I've seen the movie three times.
③ It's (been) two years since I came to Japan. [I've been (lived) in Japan for two years.]
④ How long is it [has it been] since you moved here?

第11章
不定詞・分詞・動名詞

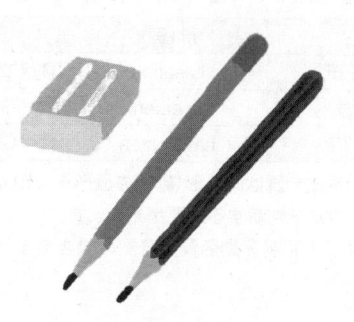

不定詞・分詞・動名詞

まず、用語の意味を確認しておきましょう。たとえば eat (食べる)は「動詞」ですが、その活用形の中に次の4つがあります。

活用形		形(例)	意味(例)
不定詞		to eat	食べること、食べるために
動名詞		eating	食べること
分詞	現在分詞	eating	食べている
	過去分詞	eaten	食べられる

これらの形は、文の中で「名詞」「形容詞」「副詞」の働きをします。つまり、「動詞」ではありません。このように、不定詞・動名詞・分詞は「動詞の形を変えて、動詞以外の働きをさせる」ものです。次の点を頭に入れておきましょう。

①不定詞は「名詞」「形容詞」「副詞」の3種類の働きを持ちます。
②動名詞は「名詞」として働きます。
③分詞は「形容詞」として働くほか、次の形の一部になります。

形	形(例)	意味(例)
現在進行形	is eating	食べているところだ
受動態	is eaten	食べられる
現在完了形	have eaten	食べ(終え)た

④動名詞と現在分詞は同じ形(動詞の原形+ ing)なので、どちらの用法なのかを判断する必要があります。

この章では、不定詞・動名詞・分詞の働きをまとめて学習します。

第11章 不定詞・分詞・動名詞

STEP 129 動詞＋不定詞(1)

I want to lose weight.
（私は減量したい）

アイ　ワンタ　ルーズ　ウエイト

解説

I want to ＋動詞の原形～．（私は～したい）

want の後ろに不定詞(to ＋動詞の原形)を置くと、「～することを望む」の意味になります。否定文や疑問文で使うこともできます。

(a) I want money.（私はお金がほしい）
(b) I want to make money.（私はお金をかせぎたい）

(b)の to make money は「お金をかせぐこと」で、全体が名詞の働きをしています。つまり(a)と(b)の下線部は文法的には対等の要素です。

例文

① I want to go out with her. 彼女とデートしたい。

② He wants to get a job. 彼は就職したがっている。

③ Some young people don't want to get married. 結婚したがらない若者もいる。

④ Do you want to become rich? 「あなたは金持ちになりたいですか？」
Yes, I do. 「ええ、なりたいです」

STEP 130 動詞＋不定詞(2)

> # I'll try to persuade him.
> アイル トゥライ トゥ パスウェイド ヒム
> (彼を説得してみるつもりです)

解説

try ＋不定詞 (〜してみる)

try(〜を試みる)の後ろに不定詞を置くと、「〜してみる」という意味になります。

forget ＋不定詞 (〜し忘れる)

forget (〜を忘れる)の後ろに不定詞を置くと、「(これから行うことを)〜し忘れる」という意味になります。

例文

① Try to use this calculator. この電卓を使ってみなさい。

② I tried to contact him, but I couldn't. 私は彼に連絡を取ろうとしたが、できなかった。

③ I forgot to shave this morning. 今朝ひげをそるのを忘れた。

④ Don't forget to turn off your computer. パソコンのスイッチを切るのを忘れないようにしなさい。

第11章 不定詞・分詞・動名詞

STEP 131 動詞＋不定詞(3)

> # I decided to marry him.
> アイ　ディサイディッド　トゥ　メアリー　ヒム
> （私は彼と結婚することに決めたわ）

解説

動詞＋不定詞（〜することを…する）

want、try、forget と同じように、後ろに不定詞を置いて「〜することを…する」という意味を表す動詞のグループがあります。これらの動詞に続く不定詞は〈これから行う動作〉を表します。このタイプの主な動詞には、decide（決める）、hope（望む）、need（必要とする）、plan（計画する）、promise（約束する）などがあります。

例文

① You need to start right now.　君は今すぐ出発する必要がある。

② We plan to travel to Itary.　私たちはイタリアへ旅行する予定です。

③ She hopes to work full-time.　彼女は常勤で働きたいと思っている。

④ He promised to return the book by Friday.　彼はその本を金曜日までに返すと約束した。

プラス

③ full-time は「常勤で」（副詞）。work full-time で「常勤の仕事をする、正社員として働く」という意味になります。work part-time は「非常勤で働く、パート[アルバイト]の仕事をする」という意味です。

STEP 132 形式主語の it

It's difficult to memorize numbers.
(数字を暗記するのは難しい)

解説

It is +形容詞・名詞+不定詞. (〜することは…だ)

「〜すること」の意味を表す不定詞は、文の主語としても使えます。

- <u>To memorize numbers</u> <u>is</u> difficult.
  　　　　S　　　　　　　V

これでも正しい文ですが、S(主語)が長いとわかりづらくなるので、不定詞を後ろに回して、Sの位置に(意味を持たない) it を置くことがあります。その結果、上の文ができます。日本語に直すときは、後ろの不定詞から訳します。

例文

① It's dangerous to swim in the river. その川で泳ぐのは危険だ。

② It isn't easy to answer the question. その質問に答えるのは簡単ではない。

③ It's bad for your health to eat too much. 食べすぎるのは体に悪い。

④ It's bad manners to use a cell phone in the train. 電車内で携帯電話を使うのは行儀が悪い。

ドリル問題㉝ (STEP129 〜 132)

1 カッコ内に単語を入れて、英文を完成させてください。

① 君は何が食べたい？
What ( ) ( ) ( ) ( ) eat?

② ドアに忘れずに鍵をかけなさい。
( ) ( ) ( ) lock the door.

③ 私は新しい事業を始めることにしました。
I've ( ) ( ) start a new business.

④ エネルギーを節約することは大切です。
( ) important ( ) save energy.

2 日本語を英訳してください。

① 彼は君と結婚したがっている。

② 私たちはキャンプに行く(go camping)ことを計画しています。

③ この本を理解するのは難しい。

④ 私はその箱を開けようとしたが、できなかった。

答

1 ① do you want to ② Don't forget to ③ decided to ④ It's , to

2 ① He wants [hopes] to marry you.
② We plan [are going] to go camping.
③ It's [It is] difficult to understand this book.
④ I tried to open the box, but (I) couldn't.

STEP 133 名詞・代名詞＋不定詞

I want something to eat.
（何か食べるものがほしい）

解説

名詞・代名詞＋不定詞（〜する[ための]○○）

不定詞が直前の名詞や代名詞を詳しく説明する形があります。上の文の something to eat は「食べるための何か」の意味です。この用法の不定詞は、「〜する○○」「〜するための○○」「〜すべき○○」などの意味を表します。

例文

① I have a lot of things to do today. 今日はすることがたくさんある。

② Do you have anything to read? 何か読むものを持ってる？

③ I didn't have time to study last night. ゆうべは勉強する時間がなかった。

④ What's the best way to master English? 英語をマスターするための最善の方法は何ですか？

プラス

something は「何か」。主に肯定文で使います。anything は疑問文では「何か」、否定文では「何も（〜ない）」の意味を表します。not ＋ anything ＝ nothing（何も〜ない）です。

第11章 不定詞・分詞・動名詞

STEP 134 〈目的〉を表す不定詞

I'm saving money to travel to India.
(私はインドへ旅行するために貯金している)

アイム セイヴィング マニー トゥ トゥラヴェル トゥ インディア

解説

動詞 ~ +不定詞（~するために…する）

上の文は I'm saving money. だけで文が完成しており、後ろの不定詞は「何のために貯金しているのか」という〈目的〉を表しています。不定詞にはこのような働きもあります。

例文

① I'm going to go to America to master English. 私は英語をマスターするためにアメリカへ行くつもりだ。

② She goes to a gym to lose weight. 彼女はやせるためにジムに通っている。

③ He studies hard to become a lawyer. 彼は弁護士になるために熱心に勉強している。

④ I'm going to the convenience store to get some food. 食べ物を買いにコンビニへ行くところよ。

プラス

不定詞はさまざまな意味を持つので、「~するために」の意味を明らかにしたいときは、in order to や so as to を使います。たとえば最初の文の to travel は in order [so as] to travel とも表現できます。

STEP 135 〈感情の原因〉を表す不定詞

I'm glad to see you.
アイム　グレァド　トゥ　スィー　ユー
(お会いできてうれしいです)

解説

感情を表す形容詞＋不定詞（〜して…の気持ちだ）

glad/happy (うれしい)、sad (悲しい)、surprised (驚いている) など、感情を表す形容詞の後ろに不定詞を置いて、その感情の原因を表すことができます。この用法の不定詞は「〜して」と訳すのがふつうです。

例文

① We were surprised to hear the news. 私たちはその知らせを聞いて驚いた。

② I'm sorry to hear that. それを聞いて残念[お気の毒]に思います。

③ I'm happy to be with you. ご一緒できてうれしいです。

④ I was relieved to see her smile. 私は彼女の笑顔を見て安心した。

プラス

この用法の不定詞は、感情を表す形容詞の後ろでしか使えません。

× She began to cry to hear the news.
○ She began to cry when she heard the news.
（彼女はその知らせを聞いて[聞いたとき]泣き出した）

ドリル問題㉞(STEP133 〜 135)

1 カッコ内に単語を入れて、英文を完成させてください。

① 今はすることが何もない。
I have (　　) (　　) (　　) now.

② パーティーでは彼女と話すチャンスがなかった。
I didn't have a chance (　　) (　　) to her at the party.

③ ぼくはアメリカへ留学したい。
I want to go to the U.S. (　　) (　　).

④ 彼女から手紙をもらってうれしかった。
I was glad (　　) (　　) a letter from her.

2 日本語を英訳してください。

① けさは朝食を食べる時間がなかった。

② 減量するために毎日ジョギングするわ。

③ 私は車を買うために貯金しています。

④ その知らせを聞いてとても残念に思います。

答

1 ① nothing to do ② to talk [speak] ③ to study
④ to get [receive]

2 ① I didn't have time [I had no time] to have [eat] breakfast this morning.
② I'll jog everyday to lose weight.
③ I'm saving money to buy a car.
④ I'm very sorry to hear the news.

STEP 136 too ～＋不定詞

> # This coffee is too hot to drink.
> ディス コーフィ イズ トゥー ハット トゥ ドゥリンク
> (このコーヒーは熱すぎて飲めない)

解説

too ＋形容詞・副詞＋不定詞 (～するには…すぎる)

too の後ろに形容詞や副詞を置くと、「…すぎる」という意味になります。その後ろに不定詞を加えて「～するには」という意味を表すことができます。

例文

① This puzzle is too complicated to solve. このパズルは複雑すぎて解けない。

② I was too busy to have lunch. 私は忙しくて昼食をとれなかった。

③ I was too tired to study last night. ゆうべは疲れていて勉強できなかった。

④ He spoke too fast for me to understand. 彼は話すのが速すぎて私には理解できなかった。

プラス

〈too ＋形容詞・副詞＋ for ＋名詞・代名詞〉は「～にとっては…すぎる」という意味です。
This skirt is too tight for me.(このスカートは私にはきつすぎるわ)

④は、for me(私にとって)を不定詞の前に置いた形です。

第11章 不定詞・分詞・動名詞

STEP 137 疑問詞＋不定詞

Tell me how to use this phone.
（この電話の使い方をぼくに教えてよ）

解説

how ＋不定詞（〜のしかた）

〈疑問詞＋不定詞〉の形は、「〜すべき（か）」の意味を含みます。
- what ＋不定詞＝何を〜すべきか
- where ＋不定詞＝どこで[へ]〜すべきか
- when ＋不定詞＝いつ〜すべきか

〈how ＋不定詞〉は「どのようにして〜すべきか」、つまり「〜のしかた」の意味になります。

例文

① Do you know how to make a paper crane? 折り鶴の作り方を知っていますか？

② I don't know what to give her for her birthday. 彼女の誕生日に何をあげたらいいかわからない。

③ I can't decide which course to take. どのコースを選択すればいいか決められない。

④ The question is who to go with him. 問題は誰が彼と一緒に行くかだ。

STEP 138 動詞＋人＋不定詞(1)

> # I'll ask her to come.
> アイル エァスク ハー トゥ カム
> (彼女に来るよう頼むつもりです)

解説

A + ask + B +不定詞. (A は B〈人〉に～するよう頼む)

後ろに〈人＋不定詞〉の形を置ける動詞のグループがあります。〈人＋不定詞〉の部分は「〈人〉が～する」という意味を持ちます。上の文では her to come =「彼女が来る」です。advise（忠告する）、allow[permit]（許す）、force（強制する）、help（手伝う）、tell（言う、命じる）、want[would like]（望む）なども同様です。

例文

① I want you to help me. 君に手伝ってもらいたい。

② She told her daughter to clean her room. 彼女は娘に部屋を掃除するように言った。

③ My father doesn't allow me to dye my hair. 父は私が髪を染めるのを許さない。

④ Help me (to) wash the car, Kenji. 車を洗うのを手伝ってくれ、健二。

プラス

④〈help ＋人＋不定詞〉は「〈人〉が～するのを手伝う」の意味ですが、アメリカ英語では不定詞の to を省略するのがふつうです。

222

第11章 不定詞・分詞・動名詞

STEP 139 動詞＋人＋不定詞(2)

I was asked to make a speech.
（アイ ワズ エァスクト トゥ メイク ア スピーチ）
（私はスピーチをするよう頼まれた）

解説

B is asked ＋不定詞. (B は〜するよう頼まれる)

〈A ＋ ask ＋ B ＋不定詞〉の形から、B を主語にした受動態を作ることができます。このタイプの受動態は、〈人＋ be 動詞＋過去分詞＋不定詞〉という形になります。上の文に対応する能動態は、They asked me to make a speech.（彼らは私にスピーチをするよう頼んだ）です。

例文

① I was allowed [permitted] to take a day off.　私は1日休みを取るのを許された。

② We were told to wait in the room.　私たちはその部屋で待つように言われた。

③ He was forced to sign the contract.　彼はその契約書にむりやり署名させられた。

④ I was advised to lose weight by the doctor.　私は減量するよう医者に忠告された。

223

ドリル問題㉟ (STEP136 ～ 139)

1 カッコ内に単語を入れて、英文を完成させてください。

① 眠くて勉強できない。
I'm ( ) sleepy ( ) study.

② クッキーの作り方を教えてあげる。
I'll tell you ( ) ( ) make cookies.

③ 会議室を掃除するよう誰かに頼みます。
I'll ( ) someone ( ) ( ) the meeting room.

④ 私は彼女を手伝うように言われた。
I ( ) ( ) ( ) help her.

2 日本語を英訳してください。

① 暑すぎて仕事にならない。

② 君たちにこの本を読んでもらいたい。

③ 次に何をすればいいかわからない。

④ 書類(the papers)をコピーするのを手伝ってよ。

答

1 ① too, to ② how to ③ ask, to clean ④ was told to

2 ① It's too hot to work. ② I want you to read this book.
　 ③ I don't know what to do next. ④ Help me (to) copy the papers.

第11章 不定詞・分詞・動名詞

STEP 140 動名詞の基本

> # My hobby is collecting posters.
> (マイ ハビー イズ カレクティング ポウスタズ)
> (私の趣味はポスターを集めることです)

解説

〈動詞の原形＋ing〉が「〜すること」の意味を表す

上の文を、次の文と比べてみましょう。

- I am collecting posters.(私はポスターを集めています)

この文は現在進行形で、collecting は現在分詞です。一方、上の文の collecting は動名詞で「集めること」の意味です。「動名詞のing は『こと』の意味を表す」と考えましょう。

例文

① My job is selling cars. 私の仕事は車を売ることです。

② One of my bad habits is biting my nails. 私の悪い癖の1つは爪をかむことだ。

③ Playing video games is fun. テレビゲームをするのは楽しい。

④ Writing a letter in English is difficult. 英語で手紙を書くのは難しい。

プラス

③④は動名詞を主語として使う形です。③の場合、video games は複数形ですが、playing video games (テレビゲームをすること)は1つの行為なので単数と考え、動詞は is を使います。

225

STEP 141 動詞＋動名詞

I like listening to music.
（私は音楽を聞くのが好きです）

解説

動詞＋動名詞（〜することを…する）

動名詞は、動詞の後ろに置くこともできます。上の文は I like to listen to music. とも表現できます。動名詞・不定詞のどちらか一方しか使えない動詞もあります。

- It began to rain. = It began raining.（雨が降り始めた）
- It stopped raining [× to rain].（雨が降りやんだ）

例文

① We enjoyed playing cards. 私たちはトランプをするのを楽しんだ。

② We've finished preparing for the party. パーティーの準備は終わりました。

③ I don't mind sleeping on the floor. 私は床の上で眠るのは平気です。

④ I have to practice making a presentation. 私はプレゼンをする練習をしなければならない。

プラス

③ mind は「〜をいやがる、気にする」という意味の動詞です。

226

第11章 不定詞・分詞・動名詞

STEP 142 前置詞＋動名詞(1)

She is good at cleaning fish.
(彼女は魚をさばくのが上手だ)

解説

前置詞の後ろには動名詞を置く

次の2つの文の下線部は、どちらも名詞の働きをしています。
- She is good at <u>tennis</u>.（彼女はテニスが上手だ）
- She is good at <u>cleaning fish</u>.

このように、動名詞は前置詞の後ろにも置けます。

例文

① We are thinking about buying a house. 私たちは家を買うことを検討している。

② I'm interested in making cars. 私は車を作ることに興味があります。

③ Don't be afraid of making mistakes. 間違えるのを恐れてはいけない。

④ I'm used to getting up early. 私は早起きするのに慣れている。

プラス

④〈be used to ～〉は「～に慣れている」。この to は前置詞です。

227

STEP 143 前置詞+動名詞(2)

> # Thank you for helping me.
> (手伝ってくれてありがとう)

解説

Thank you for ~ing.（～してくれてありがとう）

〈thank +人+ for ～〉の形で「～のことで〈人〉に感謝する」の意味を表します。for の後ろには名詞・動名詞を置きます。
- Thank you for the gift.（プレゼントをありがとう）

Excuse me for ~ing.（失礼ですが～）

〈excuse +人+ for ～〉の形で「～のことで〈人〉を許す」という意味です。この場合も、for の後ろに動名詞を置けます。

例文

① Thank you for coming. 来てくれてありがとう。

② Thank you for inviting us. 私たちを招待してくれてありがとう。

③ Excuse me for interrupting you. お話し中すみません。

④ Excuse me for being absent. すみませんが欠席します。

プラス

これらの表現では、文の最初に主語の I が省略されていると考えられます。

③ interrupt は「さえぎる、(話の)じゃまをする」という意味です。

このほか、I'm sorry for ～ing.（～してすみません）も覚えておきましょう。

第11章 不定詞・分詞・動名詞

STEP 144 動詞＋人＋動名詞

Do you mind me smoking?
（たばこをすってもかまいませんか？）

解説

動詞＋ A ＋動名詞. (Aが〜することを…する)

次の２つの文を比べてみましょう。

(a) Do you mind opening the window? (窓を開けてもらえますか？)
(b) Do you mind me opening the window? ([私が]窓を開けてもかまいませんか？)

(a)の直訳は「あなたは窓を開けることをいやがりますか？」で、「あなたが開ける」ことを意味します。一方(b)の me opening は「私が開ける」です。このように、動名詞の前にその動作を行う人を加えた形があります。

例文

① I don't like women smoking. 女性がたばこをすうのは好きじゃない。

② Would you mind me sitting here? ここに座ってもかまいませんか？

③ I can't imagine my father singing karaoke. 父がカラオケを歌う姿を想像できない。

④ Nobody can stop the boss having everything his own way. 社長が自分勝手に振る舞うのを誰も止められない。

229

ドリル問題㊱(STEP140〜144)

1 カッコ内に単語を入れて、英文を完成させてください。

① 私たちの仕事はパソコンを作ることです。
Our job ( ) ( ) computers.

② 私は人前で話すことに慣れていません。
I'm not used ( ) ( ) in public.

③ ホームページを作るのはとても簡単です。
( ) a website ( ) very easy.

④ 私たちがここで写真をとってもかまいませんか？
Would you ( ) ( ) ( ) a picture here?

2 日本語を英訳してください。

① 君は本を書くことに興味があるかい？

② 彼女はスピーチをする練習をした。

③ 子どもたちといっしょに遊んでくれてありがとう。

④ 彼女は夫が大声で話すのが好きではない。

答

1 ① is making ② to speaking ③ Making, is ④ mind us taking

2 ① Are you interested in writing a book?
② She practiced making a speech.
③ Thank you for playing with the (my) kids [children].
④ She doesn't like her husband talking [speaking] loudly.

第11章 不定詞・分詞・動名詞

STEP 145 過去分詞＋名詞

I bought a used car.
アイ　ボート　ア　ユーズド　カー

(私は中古車を買った)

解説

過去分詞＋名詞（〜される[された]○○）
過去分詞には「〜される」という意味があり、名詞の前に置いて形容詞と同じように使うことができます。used car は「使われた車→中古車」です。

例文

① Let's throw away the broken vase.　割れた花瓶を捨てよう。

② I found my stolen bike.　私は盗まれた自転車を見つけた。

③ It was an unexpected result.　それは意外な[予期されない]結果だった。

④ I don't like boiled eggs very much.　ゆで卵[ゆでられた卵]はあまり好きではありません。

プラス

過去分詞を使った表現は、食品などに多く見られます。たとえば iced coffee（アイス[氷で冷やされた]コーヒー）、fried chicken（フライド[揚げられた]チキン）、frozen food（冷凍[された]食品）などです。

231

STEP 146 現在分詞＋名詞

I'm scared of that barking dog.
アイム スケアド アヴ ザット バーキング ドーグ
(あの吠えている犬が恐い)

解説

現在分詞＋名詞（～している[する]○○）
現在分詞には「～している」という意味があり、名詞の前に置いて使うことができます。

例文

① Pour boiling water in the cup. カップにお湯を入れなさい。

② There's a burning smell in the kitchen. 台所が焦げ臭い。

③ That sleeping baby is cute. あの眠っている赤ちゃんはかわいい。

④ The approaching typhoon is very powerful. 近づいている台風はとても大きい。

プラス

① boiling water は「沸いている水→お湯」です。

③のような〈現在分詞＋人〉の形は、例外的な使い方です。一般には「～している人」の意味で〈動作を表す動詞の現在分詞＋人〉の形を使うことはできません。たとえば a dancing girl はプロのダンサーの意味であり、「(一時的に)踊っている少女」ではありません。

第11章 不定詞・分詞・動名詞

STEP 147 動名詞＋名詞

> # Is there a smoking section here?
> イズ ゼア ア スモウキング セクシャン ヒア
> （ここには喫煙コーナーはありますか？）

解説

動名詞＋名詞（～するための○○）

次の２つの形を比べてみましょう。

(a) a smoking chimney（煙が出ている煙突）

(b) a smoking section（喫煙[のための]区域）

(a)の smoking は現在分詞、(b)の smoking は動名詞です。名詞の前の動名詞は「～するため[～用]の」の意味を表します。

例文

① Where's the fitting room?　試着室はどこですか？

② I have an old sewing machine.　古いミシンを持っています。

③ My mother is vacuuming the living room.　母は居間に掃除機をかけています。

④ I usually use this frying pan.　私はいつもこのフライパンを使っているの。

プラス

②sewing machine は「縫う機械」。「ミシン」はmachine がなまったものです。

④ frying pan は「フライ[揚げる・炒める]料理用のなべ」です。

233

STEP 148 名詞＋過去分詞

He wears a watch made in Switzerland.
（彼はスイス製の時計をしている）

解説

名詞＋過去分詞＋α（〜される[された]○○）

1語の過去分詞は a used car のように名詞の前に置きますが、過去分詞で始まる2語以上の語句がまとまった意味を表すときは、名詞の後ろに置きます。

- He wears a watch <u>made in Switzerland</u>.

例文

① She works at a shop named Misawaya. 彼女は三沢屋という名の[と名づけられた]店に勤めている。

② I opened a file infected by virus. ウイルスに感染したファイルを開いてしまった。

③ Whose bike is that parked over there? あそこに止めてある自転車は誰のですか？

④ I don't buy beef imported from the U.S. 私はアメリカから輸入された牛肉は買わない。

234

第11章 不定詞・分詞・動名詞

STEP 149 名詞＋現在分詞

Who's that man talking with Lisa?
(リサと話しているあの男性は誰ですか)

フーズ ザット メァン トーキング ウィズ リサ

解説

名詞＋現在分詞＋α（〜している[する]○○）

過去分詞の場合と同様に、現在分詞で始まる2語以上の語句がまとまった意味を表すときは、名詞の後ろに置きます。

- Who's that man talking with Lisa?

例文

① I have a friend living in Canada. 私にはカナダに住む友人がいます。

② I want to live in an apartment facing south. 南向きのアパートに住みたい。

③ Can you think of a word beginning with z? zで始まる単語が思いつきますか？

④ The street leading to the park is narrow. 公園に通じる通りは狭い。

プラス

これらの文は、関係代名詞（→第12章）を使って言い換えられます。
　①＝ I have a friend who lives in Canada.

235

ドリル問題㊲ (STEP145 〜 149)

1 [　]内の動詞を適当な形に変えてください。

① The burglars ran away in a [steal] car.
(強盗は盗難車で逃走した)

② There are no [smoke] cars in this train.
(この列車には喫煙車両はない)

③ Which would you like, two [boil] eggs or [scramble] eggs?
(ゆで卵2個とスクランブルエッグのどっちにする?)

④ The number of [work] mothers is increasing.
(働く母親の数が増えている)

2 分詞を使って、日本語を英訳してください。

① 私は壊れた時計を2つ持っている。

② 私には銀行に勤める姉がいます。

③ その地域(region)で話されている言語はドイツ語だ。

④ 私は韓国で作られた映画が好きです。

答

1 ① stolen ② smoking ③ boiled, scrambled ④ working

2 ① I have two broken watches.
② I have a sister working at [for] a bank.
③ The language spoken in the region is German.
④ I like movies [films] made in (South) Korea.

第12章

関係代名詞

関係代名詞

Who is he? は「彼は誰ですか？」という意味です。この who は疑問詞です。一方、次の文中の who は関係代名詞です。

- I have an aunt <u>who writes novels</u>.（私には小説家のおばがいる）

この文では、who writes novels が前の aunt（名詞）を詳しく説明しています。名詞を説明するのは形容詞だから、関係詞の基本的な働きは「長い形容詞を作る」ことだと言えます。このとき、関係代名詞によって説明される語（上の文の an aunt）を「先行詞」と言います。関係代名詞を使えば、先行詞に長い説明を加えることができます。

(a) <u>大きな</u>犬 = a <u>big</u> dog
(b) <u>私が飼っている</u>犬 = a dog <u>(that) I have</u>

関係代名詞の基本的なパターンは、次の4つです（A＝先行詞）。

先行詞＝人以外	① A (that) S V ＝ S が V する A ② A that V ～ ＝ V する A
先行詞＝人	③ A (that) S V ＝ S が V する A ④ A who V ～ ＝ V する A

日常的なコミュニケーションのためには、この4つの形が使えれば十分です。①〜③の that と④の who が関係代名詞ですが、①③の that は省略されるのがふつうです。

STEP 150 関係代名詞(that)の省略(1)

> # This is the camera
> # I bought yesterday.
> ### (これがきのう買ったカメラです)

解説

S＋動詞＋A → A＋S＋動詞(S が〜する A)

まず、上の公式を使って、関係代名詞の使い方のパターンを覚えましょう。

I bought the camera yesterday.（私はきのうカメラを買った）
→ the camera (that) I bought yesterday（私がきのう買ったカメラ）

このように、名詞を前に移動させれば関係代名詞(that)を使った形が作れます。that は話し言葉ではふつう省略されます。

例文

① That's the man (that) I met at the party. あれが私がパーティーで会った男性です。

② This is the dog (that) I've had for five years. これは私が5年間飼っている犬です。

③ English is a subject (that) I like very much. 英語は私が大好きな科目です。

④ Italy is a country (that) I want to visit. イタリアは私が訪ねたい国です。

239

STEP 151 関係代名詞(that)の省略(2)

> ザ ディーヴィーディーアイ ソー ラスト ナイト ワズ エクサイティング
> **The DVD I saw last night was exciting.**
> (ゆうべ見た DVD は面白かった)

解説

主語に説明を加える形

STEP150 の例文はすべて、〈A is B〉の B に(関係代名詞を使って)説明を加えています。一方上の文は、A に説明を加える形です。

I saw the DVD last night. (私はゆうべ DVD を見た)
 → the DVD (that) I saw last night (私がゆうべ見た DVD)
 → The DVD I saw last night was exciting.
   A ▲ ─────────────┘   B

このタイプの文を訳すときは、最初に The DVD があるからといって「その DVD は…」とはならないことに注意してください。

例文

① The flower I bought three days ago died. 3日前に買った花が枯れた。

② The pie my mother made was very good. 母が作ったパイはとてもおいしかった。

③ The person I respect is Mr. Obama. 私が尊敬する人物はオバマ氏です。

④ The bread I wanted to eat was sold out. 私が食べたかったパンは売り切れていた。

第12章 関係代名詞

STEP 152 関係代名詞(that)の省略(3)

That's the hospital I was born in.
ザッツ ザ ハスピタル アイ ワズ ボーニン
(あれが私が生まれた病院です)

解説

先行詞＋〈関係詞 ～ 前置詞〉

上の文も、今までと同じように考えることができます。
　I was born in <u>the hospital</u>.（私はその病院で生まれた）
　→ <u>the hospital</u> (that) I was born in（私が生まれた病院）
このように、名詞を説明する部分の最後に前置詞が置かれることがあります。That's the hospital I was born. は誤りです。

例文

① Brazil is the country he is from. ブラジルは彼の出身国だ。

② Is this the key you were looking for? これが君の探していたカギかい？

③ The company he worked for went bankrupt. 彼が勤めていた会社が倒産した。

④ The people I worked with were all kind to me. 私がいっしょに働いた人たちはみんな私に親切だった。

プラス

③は work for a company（会社に勤める）、④は work with the people（その人々といっしょに働く）から考えます。

241

ドリル問題㊳(STEP150 〜 152)

1 [ ]内の語句を並べ換えて、英文を完成させてください。

① 私がきらいなただ1つの科目は数学です。
[I, the only, like, is, don't, subject] math.

② 彼から借りた小説は面白かった。
The [interesting, novel, I, was, borrowed, from him].

③ 私が生まれた町は宮城県にある。
[I, the town, in, born, is, was] in Miyagi Prefecture.

④ あなたがいっしょに映画に行った女の子は誰だったの？
Who was [went, the girl, the movies, to, with, you]?

2 日本語を英訳してください。

① これは私がけさ作ったパイよ。

② 先週買った傘をなくしてしまった。

③ 父が働いているオフィスはこの近くです。

④ ゆうべテレビで見た映画は退屈だった。

答

1 ① The only subject I don't like is
② novel I borrowed from him was interesting
③ The town I was born in is
④ the girl you went to the movies with

2 ① This is a [the] pie I made this morning.
② I (have) lost the umbrella I bought last week.
③ The office my father works at [in] is near here.
④ The movie I saw on TV last night was boring.

第12章 関係代名詞

STEP 153 省略できない that (関係代名詞)

I know the shop that sells old records.
アイ ノウ ザ シャップ ザット セルズ オウルド レカッズ
(私は古いレコードを売っている店を知っている)

解説

S +動詞 ~ → S + that +動詞 ~ (~するS)

次のように考えます。

<u>The shop</u> <u>sells</u> old records. (その店は古いレコードを売っている)
　S　　　　V

→ the shop <u>that sells old records</u>(古いレコードを売っている店)

このようにSとVの間にthat(関係代名詞)を加える形では、thatは省略できません。old records (that) the shop sells (その店で売っている古いレコード)との違いを確認しましょう。

例文

① He works at a factory that makes cars. 彼は車を作る工場で働いている。

② She has a cat that has blue eyes. 彼女は青い目のネコを飼っている。

③ The restaurant that appeared on TV is near here. テレビに出たレストランはこの近くです。

④ The bus that left first arrived last. 最初に出たバスが最後に着いた。

STEP 154　who（関係代名詞）

> **I have a friend
> who lives in London.**
> （私にはロンドンに住む友人がいる）

解説

人＋動詞 ～ → 人＋ who ＋動詞 ～（～する〈人〉）

STEP153 では先行詞は人以外のものでしたが、先行詞が人のときは that の代わりに who を使うのがふつうです。この who も省略することはできません。

A friend lives in London.（友人がロンドンに住んでいる）
→ a friend <u>who lives in London</u>（ロンドンに住んでいる友人）

例文

① We're looking for a guide who can speak Japanese.
私たちは日本語を話せるガイドを探しています。

② I love the musician who composed this song. 私はこの歌を作曲したミュージシャンが大好きです。

③ The boy who won the prize is my friend. 賞を取った男の子はぼくの友だちです。

④ The author who wrote the novel is a graduate of our school. その小説を書いた作家は私たちの学校の卒業生です。

第12章 関係代名詞

STEP 155 what（関係代名詞）

What he said is true.
ワット ヒー セッド イズ トゥルー
（彼の言ったことは本当です）

解説

what + S + V（S が～するもの[こと]）

関係代名詞の what は中学の学習範囲外ですが、よく使うので取り上げておきます。上の文の what は「何」という意味（疑問詞）ではなく、関係代名詞です。what he said ＝ the thing (that) he said（彼が言ったこと）です。

例文

① Show me what you have in your hand. 手に持っているものを私に見せなさい。

② I'm sorry for what I did. 私は自分のしたことを申し訳なく思います。

③ What the children need is love. その子どもたちに必要なものは愛情だ。

④ What is important is doing your best. 大切なことは全力を尽くすことだ。

プラス

④のように、〈what + V ～〉で「～する[である]もの[こと]」の意味を表すこともできます。what is important ＝ the thing that is important（大切であること）と考えます。

ドリル問題㊴(STEP153 ~ 155)

1 [ ]内の語を並べ換えて、英文を完成させてください。

① 彼のお兄さんは生物学を学ぶ大学生だ。
His brother [studies, is, a college, biology, student, who].

② 手におもちゃを持っている男の子は私のいとこです。
The [boy, has, who, a toy, is, his hand, in] my cousin.

③ このあたりには文房具を売っている店はない。
Around here [isn't, sells, a shop, there, stationery, that].

④ 君に必要なものは十分な休息だ。
[you, what, necessary, is, for] is a good rest.

2 関係代名詞を使って、日本語を英訳してください。

① この小説を書いた作家(author)はあまり有名ではない。

② 最初に到着した客(guest)は私の親しい友人だった。

③ ミルクを飲んでいるネコは私のペット(pet)です。

④ 彼が言ったことを信じない方がいい。

答

1 ① is a college student who studies biology
② boy who has a toy in his hand is
③ there isn't a shop that sells stationery
④ What is necessary for you

2 ① The author who wrote this novel isn't very famous.
② The guest who arrived first was my close [good] friend.
③ The cat that is drinking milk is my pet.
④ You shouldn't believe what he said.

第13章

接続詞

接続詞

接続詞は、2つ(以上)の要素を結びつける言葉です。接続詞には次の2種類があります。

① 2つ(以上の)ものを対等の関係で結びつける接続詞
and(そして)、or(あるいは)、but(しかし)、so(だから)など
→日本語に直すときは、前から訳します。

② 元の文に説明を加える語句のかたまりを作る接続詞
because(〜なので)、when(〜するとき)、if(もし〜なら)など
→日本語に直すときは、その接続詞の後ろから訳します。
STEP106 〜 110 に出てきた that (〜ということ)も、②タイプの接続詞です。

これらのうち and と or だけは、you and I (あなたと私)のように単語やフレーズ同士を結びつけることもできます。それ以外の接続詞は、文と文を結びつける働きをします。

- He lived in America [when he was young].
  S V   S   V

(彼は若いときにアメリカに住んでいた)

このように、接続詞の前後には〈S + V〉の形を置きます。この文では、[　]の部分が前の文をくわしく説明する働きをしています。[　]の部分を前に置くこともできます。

- When he was young, he lived in America.

この章では、①②のタイプの接続詞の使い方を1つずつ学習していきます。

第13章 接続詞

STEP 156 and/or

> # I drank beer, wine and whiskey.
> アイ ドゥランク ビア ワイン アンド ウィスキー
> (私はビールとワインとウイスキーを飲んだ)

解説

A and B (A と[そして]B)

and は 2 つ以上の対等のものを結びつける働きをします。3 つ以上を並べるときは、A, B, C (,) and D のようにカンマで結び、最後の要素の前だけに and を入れます。

A or B (A または B)

or は「または、あるいは」の意味です。3 つ以上の要素を並べるときは and と同様の形にします。

例文

① Saori and I were classmates. 沙織と私はクラスメイトでした。

② We went to Kyoto, and stayed there for two days. 私たちは京都へ行き、そこに 2 日間滞在した。

③ I want to have coffee or tea. コーヒーか紅茶を飲みたい。

④ Is that woman a doctor, a nurse or a patient? あの女性は医者ですか、看護師ですか、それとも患者ですか？

プラス

「あなたと私」は、you を前に出し、you and I [me]と言います。

STEP 157 but/so

> アイ フェイルド アゲイン バット アイ ウォウント ギヴ アップ
> **I failed again, but I won't give up.**
> (私はまた失敗したけれど、あきらめません)

解説

A, but B (Aだ、しかしBだ)
but(しかし)は接続詞で、文と文を結びつける働きをします。

A, so B (Aだ、だからBだ)
so (だから)も接続詞で、前後には文を置きます。but や so の前にはカンマを置くのがふつうです。

例文

① I'm not rich, but I'm happy. 私は金持ちではないが幸福だ。

② I called him, but he was away. 彼に電話したけれど、留守だった。

③ It was raining, so I didn't go out. 雨が降っていたので外出しなかった。

④ I have a lot of homework, so I can't watch TV. 宿題がたくさんあるので、テレビを見られない。

プラス

③は Because it was raining, I didn't go out. と言い換えられます。(→ STEP162)

第13章 接続詞

STEP 158 when/while

> # When I was a child, I lived in Osaka.
> （子どものとき私は大阪に住んでいた）

解説

when S V ～（S が V するとき）
while S V ～（S が V している間）

when などの接続詞で始まる語句は、文の前にも後ろにも置けます。たとえば上の文は、I lived in Osaka when I was a child. とも表現できます。

例文

① When I saw him last week, he had a cold. 先週彼に会ったとき、彼は風邪をひいていた。

② Turn off the air-conditioner when you go to bed.
寝るときはエアコンを切りなさい。

③ Don't use your cell phone while (you are) driving.
運転中に携帯電話を使ってはいけない。

④ We took a break while the boss was in the meeting.
上司が会議に入っている間に私たちは休憩した。

プラス

when などの接続詞に続く〈S + be 動詞〉は、③のように省略されることがあります。

251

ドリル問題⑩ (STEP156 〜 158)

1 カッコ内に単語を入れて、英文を完成させてください。

① 気分が悪かったので仕事を早退した。
I felt sick, (　　) I left the office early.

② 駅に着いたら電話するよ。
I'll call you (　　) I get to the station.

③ このネコは雄ですか、雌ですか？
Is this cat a he (　　) (　　) (　　)?

④ 運転中は道路に目を向けていなさい。
Keep your eyes on the road (　　) (　　).

2 日本語を英訳してください。

① 私はいくつかのリンゴとオレンジとバナナを買った。

② 私は風邪をひいていたけれど仕事に行った。

③ あなたの先生は男性ですか、女性ですか？

④ 私が帰宅したとき、妻は眠っていた。

答

1 ① so　② when　③ or a she　④ while driving

2 ① I bought some apples, oranges and bananas.
② I had a cold, but (I) went to work.
③ Is your teacher a man or a woman?
④ When I came home, my wife was sleeping.

252

第 13 章 接続詞

STEP 159 before/after

> # We arrived just before the game started.
> (私たちは試合が始まる直前に着いた)

解説

before S V ～（S が V する前に）
after S V ～（S が V した後に）

before や after の前には、副詞や数字を表す語句を置くことができます。

例文

① Brush your teeth before you go to bed. 寝る前に歯を磨きなさい。

② The train left five minutes before we got to the station. 電車は私たちが駅に着く5分前に出た。

③ Let's go bowling after we finish our homework. 宿題が終わった後でボウリングに行こう。

④ My grandfather died soon after I was born. 祖父は私が生まれてまもなくして亡くなった。

プラス

before や after は前置詞としても使えます。たとえば①は、Brush your teeth before going to bed. とも表現できます。この場合の before は前置詞、going は動名詞です。(→ STEP 142)

STEP 160 until/as soon as

> # I'll wait until she comes.
> アイル ウエイト アンティル シー カムズ
> (私は彼女が来るまで待ちます)

解説

until [till] S V ~ (S が V するまで)

「~するまでに」は before で表します。混同しないようにしましょう。

- I'll finish my work before you come.
  (君が来るまでに[前に]仕事を終えるよ)

as soon as S V ~ (S が V するとすぐに)

as soon as は1つの接続詞と考えます。

例文

① Stay here until I come back. 私が戻るまでここにいなさい。

② He didn't appear until the party was half over. 彼はパーティーが半分終わるまで現れなかった。

③ As soon as I left home, it began to rain. 家を出るとすぐに雨が降り出した。

④ I called him as soon as I got the e-mail. 私はそのメールを受け取るとすぐに彼に電話した。

プラス

②「彼はパーティーが半分終わってようやく現れた」とも訳せます。

第13章 接続詞

STEP 161 if

If it rains, I'll stay at home.
イフ イット レインズ アイル ステイ アット ホウム
(もし雨が降れば、私は家にいます)

解説

if S V ～（もしSがVすれば）

「もし雨が降れば」は未来のことを仮定する言い方ですが、if it will rain とは言わずに現在形(rains)を使う点に注意しましょう。when、before、after、until などの〈時〉を表す接続詞の後ろでも、同様に will は使いません。

例文

① If it's sunny tomorrow, let's clean up the house. もし明日晴れたら、家の大掃除をしましょう。

② If you don't go to the party, I won't, either. 君がパーティーに行かないのなら、ぼくも行かないよ。

③ What shall we do if we miss the bus? もしバスに乗り遅れたらどうしましょうか？

④ If you practice hard, you'll be a good player. 熱心に練習すれば、君はいい選手になるだろう。

プラス

②「～もまた」は肯定文ではtoo を使いますが、否定文ではeither で表します。

255

STEP 162 because

> アイ キャント ゴウ　　ビコーズ　　アイム ヴェリー ビズィ
> **I can't go, because I'm very busy.**
> (行けないんだ、とても忙しいから)

解説

because S V ~ (S が V するので)

as や since も使いますが、〈理由〉は because で表すのが最も一般的です。

例文

① Because he studies hard, he'll get high grades.
彼は熱心に勉強しているので、いい成績を取るだろう。

② I can't buy a new PC, because I don't have enough money. 十分なお金がないので、新しいパソコンを買えない。

③ I'm in good health because I jog everyday. 私は毎日ジョギングしているので健康だ。

④ Beer is selling well, because it's hot this summer.
この夏は暑いので、ビールがよく売れている。

プラス

because の後ろには〈S + V〉の形を置きますが、bacause of (~のために)の後ろには名詞を置きます。

- The game was canceled because it rained.
  = The game was canceled because of rain.
  (試合は雨で中止された)

256

ドリル問題㊶(STEP159 〜 162)

1 カッコ内に単語を入れて、英文を完成させてください。

① この仕事が終わったらカラオケに行こう。
　Let's go to karaoke (　　) we finish this work.

② 私たちは雨がやんだらテニスをします。
　We'll play tennis (　　) it stops raining.

③ その荷物は私が家を出る直前に届いた。
　The parcel arrived (　　) (　　) I left home.

④ 私たちの乗る電車はその大雪で遅れた。
　Our train was delayed (　　) (　　) the heavy snow.

2 日本語を英訳してください。

① パソコンが故障した(broke down)ので仕事ができない。

② 君が仕事を終えるまでここで待っているよ。

③ 彼は入院して1週間後に亡くなった。

④ 彼が来たらすぐに私に電話してください。

答

1 ① after ② if ③ just before ④ because of

2 ① I can't work because my computer [PC] broke down.
　② I'll wait here until [till] you finish your [the] work.
　③ He died a week after he entered the hospital.
　④ Please call me as soon as he comes.

第14章

比較

比較

2つ以上の人や物の程度を比べるときには、形容詞や副詞の形を変化させます。tall（背が高い）という形容詞を使った例で考えてみましょう。

①「二者の程度が同じくらいだ」
- A is as tall as B. (A は B と同じくらいの身長だ)

②「二者のうちどちらか一方が他方よりも〜だ」
- A is taller than B. (A は B より背が高い)

③「三者以上のうちで1人[1つ]が最も〜だ」
- A is the tallest of the three. (A は3人の中で一番背が高い)

①の tall を原級（もとの形）、②の taller を比較級、③の tallest を最上級と言います。

比較級の基本形は〈原級＋ er〉、最上級は〈原級＋ est〉ですが、多少形が異なる場合もあります。また、最上級は「1つに決まるもの」を意味するので、前に the をつけるのが原則です。

この章では、上の3つの基本形をベースにして、さまざまな比較の形式を学んでいきます。

第14章 比較

STEP 163 原級(1)

My sister is as tall as me.
(妹は私と同じくらいの身長です)

マイ スィスタ イズ アズ トール アズ ミー

解説

A is as +形容詞の原級+ as B. (A は B と同じくらい〜だ)

「程度が同じくらいだ」は、2つの as の間に形容詞(や副詞)の原級(もとの形)を置いて表します。動詞は be 動詞以外の場合もあります。

例文

① My cousin is as old as me. いとこは私と同い年です。

② My room is as large as this room. 私の部屋はこの部屋くらいの大きさです。

③ I have as many CDs as you. ぼくは君と同じくらいたくさんの CD を持っているよ。

④ My wife drank as much wine as me. 妻は私と同じくらいの量のワインを飲んだ。

プラス

たとえば My sister is tall. は「妹は長身だ」という意味です。一方最初に挙げた文の tall は「〜くらいの背の高さだ」という〈尺度〉の意味を表しており、2人とも背が低い場合でも使えます。

③④ 2つの as の間に〈many[much]+名詞〉を置く形もあります。

261

STEP 164 原級(2)

> # She plays tennis as well as you.
> (彼女は君と同じくらいテニスが上手だ)
>
> シー プレイズ テニス アズ ウェル アズ ユー

解説

A ~ as +副詞の原級+ as B. (AはBと同じくらい…に~する)

2つの as の間には、副詞の原級を置くこともできます。上の文は、She plays tennis well.（彼女は上手にテニスをする）という文がもとになっています。

例文

① I drive as carefully as my sister. 私は姉と同じくらい慎重に車を運転します。

② My father gets up as early as my mother. 父は母と同じくらい早起きだ。

③ I walked as slowly as my grandmother. 私は祖母と同じくらいゆっくり歩いた。

④ You speak English as fluently as a native speaker. 君はネイティブと同じくらい流暢に英語を話すね。

プラス

as の代わりに like (~のように)を使って表現することもできます。たとえば④は You speak English fluently like a native speaker. とも言えます。

第14章 比較

STEP 165 原級(3)

> # I'm not as rich as him.
> （私は彼ほど金持ちではない）

解説

A is not as ＋形容詞の原級＋ as B.（A は B ほど～ではない）

原級を使った文を否定すると、「A は B ほど～ではない」という意味になります。

例文

① My apartment isn't as large as yours.　ぼくのアパートは君のアパートほど大きくない。

② Our new boss isn't as generous as his predecessor.　新しい上司は前任者ほど寛大ではない。

③ I don't have as many friends as him.　ぼくには彼ほど多くの友人はいない。

④ I didn't spend as much money as her during our trip.　私は旅行中に彼女ほどお金を使わなかったわ。

プラス

否定文では、1つ目の as の代わりに so も使えます。たとえば①は My apartment isn't so large as yours. とも言います。ただし最近の英語では as を使う方がふつうです。

263

STEP 166 原級(4)

> # I can't speak English as well as you.
> (ぼくは君ほど上手に英語を話せない)

解説

A ~ not as +副詞の原級+ as B. (A は B ほど…に~しない)
副詞の原級の場合も、否定文にすると「A は B ほど~ではない」という意味になります。

例文

① I can't sing as well as you.　私はあなたほど歌が上手じゃないわ。

② My sister doesn't get drunk as easily as me.　姉は私ほどお酒に弱くはないわ。

③ He doesn't work as hard as you.　彼は君ほど熱心に働かない。

④ I don't go for a drink as often as him.　私は彼ほど頻繁には飲みに行かない。

プラス

②「酒に弱い」は、get drunk easily (簡単に酔う)と表現できます。「彼は大酒飲みだ」は He is a heavy drinker.、「彼はあまり酒を飲まない」は He is a light drinker. です。また、「私はすぐ船酔いする」は I get seasick easily. と表現できます。

第14章 比較

STEP 167 原級(5)

> # It's as warm today as yesterday.
> （今日はきのうと同じくらい暖かい）

解説

副詞同士を比較することも可能

STEP163 ～ 166 では「主語とほかの何か」を比べる形を見てきましたが、主語以外の要素を比べることもできます。上の文は、次の文の（　）内が省略された形と考えることができます。

- It's as warm today as (it was) yesterday.

この文で比べられているのは、「今日の暖かさ」と「きのうの暖かさ」です。

例文

① The singer is as popular in Korea as (she is) in Japan.
その歌手は韓国でも日本と同じくらい人気がある。

② Next week we're going to be as busy as (we are) this week. 私たちは来週も今週と同じくらい忙しくなりそうだ。

③ He isn't as rich as (he was) ten years ago. 彼は10年前ほど金持ちではない。

④ My son doesn't talk as much at school as (he does) at home. 息子は学校では家にいるときほど話さない。

ドリル問題㊷(STEP163 〜 167)

1 カッコ内に単語を入れて、英文を完成させてください。

① その昆虫は米粒と同じくらいの大きさしかない。
The insect is ( ) ( ) ( ) a grain of rice.

② 兄はぼくほど太ってはいないよ。
My brother ( ) ( ) ( ) ( ) me.

③ 私は姉と同じくらいの数の人形を持っていました。
I had ( ) ( ) ( ) as my sister.

④ この通りは3年前ほどにぎやかではない。
This street isn't as busy ( ) ( ) ( ) three years ago.

2 日本語を英訳してください。

① その国は日本と同じくらいの広さです。

② 今年の夏は去年の夏と同じくらい暑い。

③ 私の車は彼の車と同じくらい速く走る。

④ 彼は去年ほど熱心には勉強しない。

答

1 ① as small as ② isn't as fat as ③ as many dolls ④ as it was

2 ① The country is as large as Japan.
② It's as hot this summer as (it was) last summer.
③ My car runs as fast as his (car).
④ He doesn't study as hard as (he did) last year.

STEP 168 比較級(1)

> # This dog is bigger than mine.
> ディス ドーグ イズ ビガー ザン マイン
> (この犬は私の犬よりも大きい)

解説

A is 比較級 than B. (A は B よりも〜だ)

短い形容詞や副詞の比較級は、語尾に -er を加えて作ります。ただし、少し違った形になる場合があります。

- 最後の文字を重ねて -er をつける：(例)hot → hotter
- e で終わる語には -r だけをつける：(例)large → larger
- y で終わる語は -ier とする：(例)happy → happier

than は「〜よりも」の意味で、比較級とセットで使います。

例文

① Japan is larger than the U.K. 日本はイギリスより大きい。

② It's hotter today than (it was) yesterday. 今日はきのうよりも暑い。

③ My sister studies harder than me. 妹は私より熱心に勉強します。

④ I got up earlier than usual. けさはいつもより早く起きた。

プラス

④ than usual は「ふだんより」の意味です。

STEP 169 比較級(2)

> # My bag is more expensive than this.
> マイ ベァグ イズ モア エクスペンスィヴ ザン ディス
> (私のバッグはこれよりも高価です)

解説

長い語の比較級 → 前に more を加えて作る

expensive(高価な)のように長い語の場合、語尾に -(e)r を加えると発音しづらいので、前に more を加えて比較級を作ります。

例文

① The second question was more difficult than the first.
第2問は第1問よりも難しかった。

② History is more interesting to me than math. 私には数学より歴史の方が面白い。

③ Children learn a language more easily than adults. 子どもは大人より簡単に言語を学ぶ。

④ It is more important to try your best than to win the game.
試合に勝つことよりも全力を尽くすことの方が大切だ。

プラス

④ It は後ろの to try your best を受ける形式的な主語です。(→ STEP132)

第14章 比較

STEP 170 比較級(3)

Do you have a larger one?
ドゥ ユー ヘァヴ ア ラージャー ワン
(もっと大きいサイズのはありますか？)

解説

比べる相手を省略することができる

何と何を比べているかが明らかなときは、than 以下は言わなくてもかまいません。話し言葉では、上のように than を伴わない比較級がよく使われます。

例文

① It will become colder tomorrow. 明日はもっと寒くなるだろう。

② This route will be quicker. このルートで行く方が早いだろう。

③ Would you speak more slowly, please? もっとゆっくり話してもらえますか？

④ We'll arrive thirty minutes earlier. 私たちは30分早く着きそうだ。

プラス

たとえば①は、than today (今日よりも)を補って考えます。比較されているものは、①では「今日の寒さ」と「明日の寒さ」、②では「このルート」と「別のルート」です。

269

STEP 171 比較級(4)

He has more friends than me.
ヒー ヘアズ モア フレンズ ザン ミー
(彼は私より多くの友人を持っている)

解説

many・much の比較級 → more

比較級の中には、特殊な形を持つものがあります。上の文の more は many の比較級で、「より多い」の意味です。more difficult (より難しい)などの more は比較級を作るための単なる記号なので、違いに注意してください。

good・well の比較級 → better

good(よい)と well(元気な、上手に)の比較級は better です。

例文

① My brother eats more than me. 兄はぼくよりたくさん食べる。

② We need more time and money. 私たちには時間とお金がもっと必要だ。

③ She speaks English better than me. 彼女は私より上手に英語を話す。

④ My father is getting better. 父は前より元気になってきています。

プラス

①②の more は much の比較級です。

STEP 172 比較級(5)

> モア　ザン　テン　ピープル　ワー　エァブスント
> **More than ten people were absent.**
> （10人以上が欠席した）

解説

more than ＋数字（～より多い）

上の文の more than ten people は「10人より多くの人々」で、厳密には「11人以上」の意味です。数字が大きいときは「～以上」と考えてかまいません。

less than ＋数字（～より少ない）

less は little の比較級で、「より少ない」の意味です。more than（～以上）と less than（～未満）はセットで覚えておきましょう。

例文

① I paid more than 10,000 yen for the repairs. その修理に1万円以上払った。

② More than a million copies of the book were sold. その本は100万部以上売れた。

③ There were less than ten people in the movie theater. 映画館には客は10人もいなかった。

④ This work will take less than two hours. この仕事は2時間もかからないだろう。

STEP 173 比較級(6)

> アイ ライク サッカー ベター ザン ベイスボール
> **I like soccer better than baseball.**
> (ぼくは野球よりサッカーの方が好きだ)

解説

like A better than B (B よりも A の方が好きだ)
Which do you like better, A or B? (A と B のどちらの方が好きですか?)

better はもともと well の比較級ですが、これらの形は定型表現として暗記しておきましょう。

例文

① She likes cats better than dogs. 彼女は犬よりネコの方が好きだ。

② I like playing soccer better than watching it. 私はサッカーを見るよりやる方が好きだ。

③ Which do you like better, summer or winter? 夏と冬とどちらの方が好きですか?

④ Which do you like better, coffee or tea? コーヒーと紅茶とどちらが好きですか?

プラス

④「どちらが(今)飲みたいですか?」とたずねるときは、Which would you like, coffee or tea? と言います。(→ STEP95)

第14章 比較

ドリル問題㊸(STEP168 ～ 173)

1 カッコ内に単語を入れて、英文を完成させてください。

① この問いより次の問いの方が易しい。
The next question is (　　) (　　) this.

② もっとゆっくり運転してよ、パパ。
Drive (　　) (　　), Dad.

③ 私たちは2時間以上待たねばならなかった。
We had to wait for (　　) (　　) two hours.

④ 私はクラシックよりジャズの方が好きです。
I like jazz (　　) (　　) classical music.

2 日本語を英訳してください。

① 8月は7月より暑い。

② 彼は私よりたくさんビールを飲んだ。

③ 私のクラブの部員は10人もいません。

④ 肉と魚とどちらの方が好きですか？

答

1 ① easier than　② more slowly　③ more than　④ better than

2 ① It's hotter in August than (it is) in July.
　② He drank more beer than me.
　③ There are less than ten members in my club.
　④ Which do you like better, meat or fish?

273

STEP 174 最上級(1)

> # He is the tallest player in the team.
> ヒー イズ ザ トーレスト プレイヤ
> イン ザ ティーム
> (彼はチームで一番長身の選手だ)

解説

A is 最上級 in +単数のもの. (Aは…の中で最も〜だ)

短い形容詞や副詞の最上級は、語尾に -est を加えて作ります。
large → largest、happy → happiest などの語形の変化は比較級と同様です。

A is 最上級 of +複数のもの. (Aは…の中で最も〜だ)

「〜の中で」に当たる前置詞には、in と of があります。in の後ろには単数の名詞を、of の後ろには複数の名詞・代名詞を置きます。

例文

① He is the fastest runner in the world. 彼は世界最速のランナーだ。

② August is the hottest month in the year. 8月は1年で最も暑い月だ。

③ This question is the easiest of the three. この質問が3つの中で一番易しい。

④ She is the youngest of us. 彼女は私たちのうちで一番年下です。

第14章 比較

STEP 175 最上級(2)

She is the most popular singer in Japan.
（彼女は日本で一番有名な歌手だ）

シー イズ ザ モウスト パピュラ スィンガ イン ジャペァン

解説

長い語の最上級 → 前に most を加えて作る
popular（人気がある）のように長い語の場合、語尾に -est を加えると発音しづらいので、前に most を加えて最上級を作ります。

many・much の最上級 → most
the most popular の most は最上級を作る記号で、それ自体の意味はありません。一方、many や much の最上級 most は「最も多い」という意味を表します。

例文

① This problem is the most difficult of all. この問題が全問のうちで一番難しい。

② Which picture is the most expensive in this gallery?
この画廊でどの絵が一番高価ですか？

③ This is the most exciting movie (that) I've ever seen.
これは今までに見た中で一番わくわくする映画だ。

④ Who drank the most? 誰が一番たくさん飲んだの？

STEP 176 最上級(3)

> アイ ゲット アップ ジ アーリエスト
> **I get up (the) earliest**
> イン マイ フェァミリー
> **in my family.**
> (私は家族の中で一番早起きです)

解説

副詞の最上級には the をつけなくてもよい

最上級の the は、(後ろの)名詞についていると考えられます。その名詞が省略されている場合もあります。

This question is the most difficult (question) of all.

一方、上の文の earliest は副詞で、後ろに名詞が省略されてはいませんが、実際には the をつけることもよくあります。

例文

① He runs (the) fastest in the team. 彼はチームで一番速く走る。

② I go to bed (the) latest in my family. 私は家族で一番遅く寝ます。

③ She drives (the) most carefully of us. 彼女は私たちのうちで最も慎重に運転します。

④ He speaks English (the) most fluently in my office. 彼は私の職場で一番流暢に英語を話す。

STEP 177 最上級(4)

> # This is the best plan of the three.
> ディス イズ ザ ベスト プレァン オヴ ザ スリー
> (これは3つのうちで最善の案だ)

解説

good・well の最上級 → best

good や well の比較級は better ですが、最上級は best です。次の形も暗記しておくとよいでしょう。

- like A (the) best (A が一番好きだ)
- Which (〜) do you like (the) best? (どれ[どの〜]が一番好きですか?)

例文

① She is the best singer of us. 彼女は私たちのうちで一番歌が上手です。

② He speaks English (the) best in my class. 彼はぼくのクラスで一番英語を話すのが上手だ。

③ I like bananas (the) best of all fruits. 私は全部の果物のうちでバナナが一番好きです。

④ Which season do you like (the) best? どの季節が一番好きですか?

プラス

better の反意語は worse(より悪い)、best の反意語は worst(最悪の)です。

277

STEP 178 最上級(5)

> # What's the second highest mountain in Japan?
> (日本で2番目に高い山は何ですか？)

解説

the ＋序数詞＋最上級 ([上から数えて]～番目に…だ)

最上級の前に序数詞(second、third、fourth...)を置くと、「(上から数えて)～番目」の意味を表します。

例文

① I work for the third biggest company in the book industry. 私は出版業界で3番目に大きな会社に勤めている。

② In Tokyo there was the second deepest snowfall in April. 東京では4月としては2番目の降雪があった。

③ Yokohama is the second most populous city in Japan. 横浜は日本で2番目に人口が多い都市だ。

④ This plan may not be the best, but I think it's the second best. この案は最善ではないかもしれないが、次善の[2番目に最もよい]案だと思う。

STEP 179 原級(6)

> # Come as early as you can.
> カム　アズ　アーリー　アズ　ユー　キャン
> (できるだけ早く来なさい)

解説

as ～ as A can ([A が]できるだけ～)

上の文の直訳は「あなたができる[来られる]のと同じくらい早く来なさい」。「なるべく早く来なさい」ということです。過去のことを言うときは can が could になります。

例文

① Speak as loudly as you can. できるだけ大きな声で話しなさい。

② Let's try to be as quiet as we can. できるだけ静かにするようにしよう。

③ I want to visit as many countries as I can. できるだけたくさんの国を訪ねたい。

④ He drove as fast as he could. 彼はできるだけ速く運転した。

プラス

can の代わりに possible (可能な)を使うと、Come as early as possible. のようになります。as soon as possible は「できるだけ早く」の意味で、手紙やメールでは A.S.A.P. と略記します。

STEP 180 比較級(7)

> # My sister is two years younger than me.
> マイ スィスタ イズ トゥー イヤーズ ヤンガー ザン ミー
> (妹は私より2歳年下です)

解説

〈差〉を表す語句は比較級の前に置く

上の文は、My sister is younger than me. に two years という〈差〉を加えた形です。このように、2つのものの(程度の)差を表す語句は比較級の直前に置きます。数字のほか、a little (少し)、some(いくらか)、much [a lot](大いに) なども同様です。

例文

① It's a little warmer today than yesterday. 今日はきのうより少し暖かい。

② My uncle is much younger than my father. おじは父よりずっと若い。

③ Let's wait a few more minutes. もう数分待とう。

④ Would you like some more tea? お茶をもう少しいかがですか?

プラス

②比較級の前に very を置くことはできません。very younger は誤りです。

by (〜の分だけ)を使って、My sister is younger than me by two years. のように表現することもできます。

ドリル問題㊹ (STEP174 ～ 180)

1 カッコ内に単語を入れて、英文を完成させてください。

① あれがこの本屋の全部の本のうちで一番高価な本だ。
That's ( ) ( ) expensive ( ) all the books in this bookstore.

② けさ私は家族で一番早く起きました。
I got up the ( ) ( ) my family.

③ この建物は私の家よりずっと古い。
This building is ( ) ( ) than my house.

④ できるだけ注意して私の言うことを聞きなさい。
Listen to me as carefully ( ) ( ) ( ).

2 日本語を英訳してください。

① 日本で一番人気のある歌手は誰ですか？

② このナイフ(knife)は私のより3センチ長い。

③ これは私が今までに見た二番目に美しい絵です。

④ どんな種類の音楽が一番好きですか？

答

1 ① the most, of ② earliest, in ③ much older ④ as you can

2 ① Who is the most popular singer in Japan?
② This knife is three centimeters longer than mine.
③ This is the second most beautiful picture (that) I've ever seen.
④ What kind of music do you like (the) best?

3時間でできる やり直し中学英語

一〇〇字書評

切り取り線

購買動機（新聞、雑誌名を記入するか、あるいは○をつけてください）		
□（　　　　　　　　　　　　　　　）の広告を見て		
□（　　　　　　　　　　　　　　　）の書評を見て		
□ 知人のすすめで	□ タイトルに惹かれて	
□ カバーがよかったから	□ 内容が面白そうだから	
□ 好きな作家だから	□ 好きな分野の本だから	

●最近、最も感銘を受けた作品名をお書きください

●あなたのお好きな作家名をお書きください

●その他、ご要望がありましたらお書きください

住所	〒				
氏名		職業		年齢	
新刊情報等のパソコンメール配信を 希望する・しない	Eメール	※携帯には配信できません			

あなたにお願い

この本の感想を、編集部までお寄せいただけたらありがたく存じます。今後の企画の参考にさせていただきます。Eメールでも結構です。

いただいた「一〇〇字書評」は、新聞・雑誌等に紹介させていただくことがあります。その場合はお礼として特製図書カードを差し上げます。

前ページの原稿用紙に書評をお書きの上、切り取り、左記までお送り下さい。宛先の住所は不要です。

なお、ご記入いただいたお名前、ご住所等は、書評紹介の事前了解、謝礼のお届けのためだけに利用し、そのほかの目的のために利用することはありません。

〒一〇一―八七〇一
祥伝社黄金文庫編集長　吉田浩行
☎○三（三二六五）二○八四
ohgon@shodensha.co.jp
祥伝社ホームページの「ブックレビュー」
http://www.shodensha.co.jp/
bookreview/
からも、書けるようになりました。

祥伝社黄金文庫

3時間でできる　やり直し中学英語

平成24年3月20日　初版第1刷発行

著　者　小池直己　佐藤誠司
発行者　竹内和芳
発行所　祥伝社

〒101-8701
東京都千代田区神田神保町3-3
電話　03（3265）2084（編集部）
電話　03（3265）2081（販売部）
電話　03（3265）3622（業務部）
http://www.shodensha.co.jp/

印刷所　堀内印刷
製本所　ナショナル製本

本書の無断複写は著作権法上での例外を除き禁じられています。また、代行業者など購入者以外の第三者による電子データ化及び電子書籍化は、たとえ個人や家庭内での利用でも著作権法違反です。
造本には十分注意しておりますが、万一、落丁・乱丁などの不良品がありましたら、「業務部」あてにお送り下さい。送料小社負担にてお取り替えいたします。ただし、古書店で購入されたものについてはお取り替え出来ません。

Printed in Japan　©2012, Naomi Koike & Seishi Sato　ISBN978-4-396-31569-6 C0195

祥伝社黄金文庫

中村澄子　1日1分レッスン！　新TOEIC®Test　千本ノック！

難問、良問、頻出、基本、すべてあります。カリスマ講師が最新の出題傾向から厳選した172問。

中村澄子　1日1分レッスン！　新TOEIC®Test　千本ノック！2

時間のないあなたに、おすすめします。最新の出題傾向がわかる最強の問題集です。

中村澄子　1日1分レッスン！　新TOEIC®TEST　千本ノック！3

カリスマ講師・中村澄子が出題傾向を徹底分析。解いた数だけ点数アップする即効問題、厳選150問。

中村澄子　1日1分レッスン！　TOEIC®Test　英単語、これだけ

出ない単語は載せません。耳からも学べる、最小にして最強の単語集。1冊丸ごとダウンロードできます。

中村澄子　1日1分レッスン！　新TOEIC®Test　英単語、これだけ　セカンド・ステージ

本当に出る単語を、さらに360集めました。「最小にして最強の単語本」待望の中級編です。

中村澄子　1日1分レッスン！　新TOEIC®TEST　英単語、これだけ　完結編

効率よく覚えたい受験生のために本当に出る337語を厳選。シリーズ3冊で単語対策はバッチリ

祥伝社黄金文庫

中村澄子 新TOEIC®テスト スコアアップ135のヒント
最強のTOEICテスト攻略法。基本から直前・当日対策まで、最も効率的な勉強法はコレだ!

石田 健 1日1分! 英字新聞
超人気メルマガが本になった! "生きた英語"はこれで完璧。最新英単語と文法が身につく。

石田 健 1日1分! 英字新聞 プレミアム
超人気シリーズが今年はさらにパワーアップ! 音声サービスで、リスニング対策も万全。

石田 健 1日1分! 英字新聞エクスプレス
通勤、通学、休み時間、ちょっとした合間に。これ1冊で「生きた英語」の英単語、文法、リスニングもOK!

阿部 一 この1000単語で身につくビジネス英語
自分の学習タイプを知って実力アップ! 企業向け英語研修のスペシャリストが教える、超実践英語学習法。

荒井弥栄 ビジネスで信頼される ファーストクラスの英会話
元JAL国際線CAの人気講師が、ネイティブにも通用するワンランク上の「英語」をレッスン!

祥伝社黄金文庫

川本佐奈恵 NHKの英語講座をフル活用した簡単上達法
安い・手軽・毎日放送がある・質が高い。NHKの英語講座徹底活用法を大公開！

斎藤兆史 日本人に一番合った英語学習法
話せない、読めないと英語に悩む現代人が手本とすべき、先人たちの「学びの知恵」を探る！

シグリッド・H・塔 アメリカの子供はどう英語を覚えるか
アメリカ人の子供も英語を間違えながら覚えていく。子供に戻った気分で、気楽にどうぞ。

志緒野マリ たった3ヵ月で英語の達人
留学経験なし、英語専攻でもなし。たった3カ月の受験勉強で通訳ガイドになった著者の体験的速習法。

デイビッド・セイン ネイティブとつながるTwitter英語
Twitterは最高のテキスト。よく使われるフレーズを覚えて英語でつぶやけばみるみる実力アップ！

晴山陽一 即効！ビジネス英単語たった300
1日10題！クイズを問くだけでわずか1カ月でビジネスに必要な英単語が身につく最高率の問題集！